Gert Hirner / Jakob Murböck

Kreta West

52 ausgewählte Wanderungen an den Küsten und in den Bergen Westkretas

BERGVERLAG ROTHER GMBH · MÜNCHEN

Umschlagbild:
Landschaft bei Georgioúpolis mit Kástro-Gipfel (Weiße Berge).
Bild im Innentitel (Seite 1):
Das versteckt in einer Schlucht gebaute Kloster Katholikó.

Alle 93 Fotos von den Autoren

Kartografie: 52 Wanderkärtchen im Maßstab 1:50.000 / 1:100.000,
 (gezeichnet CompuMapping Koebele, Dietmannsried); Übersichtskarten im Maßstab 1:750.000 / 1:2.000.000, © Freytag & Berndt, Wien

5., vollständig überarbeitete Auflage 2009

ISBN 978-3-7633-4221-1

BERGVERLAG ROTHER · München
D-85521 Ottobrunn · Haidgraben 3 · Tel. (089) 608669-0
Internet www.rother.de · **E-Mail** leserzuschrift@rother.de

Vorwort

Kreta – auf dieser Mittelmeerinsel nahm unsere abendländische Kulturgeschichte ihren Anfang, als der in einen Stier verwandelte Zeus die schöne Europa hierher brachte. In den letzten 5000 Jahren haben sich auf Kreta die Kulturen des östlichen Mittelmeerraumes und der angrenzenden Länder vermischt, und noch heute empfindet der Besucher, dass aus jedem Quadratmeter dieser Erde jahrtausendealte Geschichte atmet.
Kreta ist eine Insel für alle Jahreszeiten. Immer mehr Besucher entdecken die Nebensaison-Monate, um bei gemäßigten Temperaturen die Insel, die Landschaften und die Menschen kennen zu lernen und sich dabei zu erholen. Ganz besonders gilt dies für das Frühjahr: Wenn in Mitteleuropa noch Schnee- und Regenschauer über das vom Winter gezeichnete Land fegen, hat der Frühling bereits einen bunten Blütenteppich über die Insel gestreut. Eine ideale Zeit, um Rucksack und Wanderstiefel zu packen und der Sonne entgegenzufliegen. Auf den höheren Bergen liegt zwar noch Schnee, doch in den Tälern prangen die Orangen an den Bäumen, Margeriten und Mohnblumen färben die Felder und seltene Orchideenarten zeigen sich dem Wanderer. Über allem liegt das Geläute der Schafsglocken.
Es ist die Vielseitigkeit der Landschaft, geprägt durch den Gegensatz von Gebirge und Meer, die den Besucher fasziniert – einsame Bergregionen wechseln mit Hochebenen, tief eingeschnittenen Schluchten, Steilküsten, Buchten und Stränden. Wandern ist dabei oft die einzige, in jedem Fall aber die intensivste Art, Land und Leute kennen zu lernen, und kann sich zu einem Gegengewicht zum Massentourismus entwickeln.
Die landschaftliche Vielfalt und die über die ganze Insel reichlich verbreiteten Wandermöglichkeiten machen es nötig, Kreta zu untergliedern. Die Wanderungen sind so ausgewählt, dass verschiedene Interessen berücksichtigt worden sind. Es werden also gleichermaßen Wanderungen vorgestellt, die entlang der sonnigen Küste verlaufen, hinaus auf meerumspülte Halbinseln, wie auch Wanderungen zu schön gelegenen antiken Stätten oder zu verlassenen Klöstern. Andere Wege führen durchs gebirgige Innere der Insel, durch tiefe Schluchten und auf die hohen Berge. Die 52 Tourenvorschläge sind über die schönsten Regionen Westkretas verteilt, viele davon können problemlos von Familien mit Kindern bewältigt werden.
Viele Wanderungen wurden in den vergangenen Jahren überprüft. Durch Einzäunungen, den Bau von Straßen oder die Anlage von Feldern können sich jedoch ständig Veränderungen ergeben. Die Verfasser bitten deshalb alle Freunde Kretas, dem Verlag entsprechende Korrekturhinweise zukommen zu lassen. Wir wünschen allen Benützern dieses Führers erlebnisreiche und wohltuende Urlaubstage in der wunderbaren Natur Kretas.

München, im Herbst 2008 — Gert Hirner und Jakob Murböck

Inhaltsverzeichnis

Vorwort 3

Allgemeine Hinweise 6

Wandern auf Kreta 10
Die Top-Touren Westkretas 11

Zur Geschichte Kretas 13

Informationen und Adressen von A – Z 16

Übersichtskarte 18

Der Nordwesten Kretas 20
1 Zu den Klöstern von Akrotíri 22
2 Agios Geórgios und Katholikó 24
3 Von Rodopós nach Agios Ioánnis Giónis 27
4 Zum Diktyna-Heiligtum auf der Halbinsel Rodopoú 30
5 »Tigáni Bálos«, die Piratenbucht 32
6 Die Ruinen der Hafenstadt Falássarna 34
7 Von Falássarna nach Gramvoússa 36
8 Von Sirikári nach Polirinía 39
9 Rund um die Topóliá-Schlucht 42
10 Von Katohóri nach Stílos 44
11 Von Georgioúpolis nach Likotinereá 47
12 Von Argiroúpolis nach Agios Philosías und Agios Elías 52
13 Auf dem E4 durch die Poros-Schlucht 54
14 Der Festungsberg Bonripári 56
15 Durch die Prassanó-Schlucht 58
16 Die Schlucht des Tsiríta 60
17 Vom Kloster Vosakóu nach Sissés 63
18 Koutsotroúlis, 1083 m 66

Der Südwesten Kretas 68
19 Von Elafónissos nach Paleohóra 70
20 Von Paleohóra nach Soúgia 72
21 Die Schlucht von Agia Iríni 74
22 Von Soúgia nach Agia Rouméli 76
23 Von Agia Rouméli nach Hóra Sfakíon I 82
24 Von Agia Rouméli nach Hóra Sfakíon II 86
25 Durch die Arádhena-Schlucht ins Bergdorf Anópolis 90
26 Livanianá und die Arádhena-Schlucht 94
27 Von Hóra Sfakíon nach Anópolis 96
28 Durch die Imbros-Schlucht 98

29 Durch die Asfendóu-Schlucht 100
30 Durch die Kallikratianó-Schlucht nach Frangokástello 103
31 Bergdörfer am Rande der Kotsifoú-Schlucht 106
32 Rundwanderung bei Mixórrouma 108
33 Von Asómatos zum Palmenstrand von Préveli 110
34 Von Agios Pávlos zur Bucht von Préveli 114
35 Auf die Alp Trípiti 118
36 Von Agia Galíni nach Pitsídia 120
37 Móni Odigítrias 122

Die Weißen Berge 124
38 Von Thérisso nach Mesklá 126
39 Von Kámbi auf die Vólika-Schutzhütte, 1260 m 128
40 Abstieg von Omalós 130
41 Die Kallérgi-Hütte, 1620 m, und der Melindaoú, 2133 m 134
42 Koukoúle, 1670 m 136
43 Gíngilos, 2080 m, und Volakías, 2115 m 138
44 Die Samariá-Schlucht 140
45 Der Kástro, 2218 m 144

Das Ida-Massiv 148
46 Auf den Psiloritis, 2456 m 150
47 Von Süden auf den Psiloritis, 2456 m 154
48 Von Kamáres zur Kamáres-Höhle, 1525 m 156
49 In die Roúwas-Schlucht 158
50 Roúwas-Schlucht und Gíristi, 1779 m 160
51 Gíristi, 1779 m 163

Die Insel Gávdos 166
52 Runde durch den Norden von Gávdos 168

Stichwortverzeichnis 170
Das griechische Alphabet 172
Wörterbuch für Wanderungen 173

Symbole

mit Bus erreichbar	Gipfel / Pass, Sattel
Einkehrmöglichkeit unterwegs	Kirche, Kapelle, Kloster / Höhle
für Kinder geeignet	Picknickplatz / Aussichtsplatz
Ort mit Einkehrmöglichkeit	Abzweig
bewirtschaftete Hütte, Gasthaus	markanter Baum
Schutzhaus, Unterstand	Wasserstollen / Bootsanleger
Bushaltestelle	Bademöglichkeit / Quelle

Allgemeine Hinweise

Zum Gebrauch des Führers

Für jede beschriebene Wanderung sind in einer Kurzübersicht zu Beginn die wichtigsten Informationen zusammengestellt. Im Stichwortverzeichnis sind alle behandelten Berge, Ausgangspunkte, Orte und Etappenziele angeführt. Wanderkärtchen zeigen den Tourenverlauf, eine Übersichtskarte auf den Seiten 18/19 informiert über die Lage der Wanderziele.

Anforderungen

Die Wanderungen verlaufen teils auf Straßen und Schotterpisten, teils im weglosen Gelände, überwiegend jedoch auf Fußwegen und Pfaden. Es wird im Text angegeben, wenn Orientierungsprobleme auftauchen; das Gelände ist aber meist übersichtlich, und es gibt kaum Gefahrenpunkte, etwa mit Absturzmöglichkeit. Man sollte jedoch die besonderen Wegverhältnisse wie scharfkantige Felsformationen und Geröll, extrem stachelige Bodenvegetation und längere Sand- und Kiesstrecken an der Küste entlang nicht unterschätzen, da sie höhere Anforderungen an Kondition und Stabilität der Schuhe stellen. Nach längeren Regenfällen sind manche Wanderwege ganz oder teilweise nicht begehbar; dies wird in der Beschreibung angegeben. Wenig begangene Wege können im Frühjahr fast völlig zugewachsen sein, was die Orientierung und das Weiterkommen erheblich erschwert. Um die jeweiligen Anforderungen besser einschätzen zu können, wurden die Nummern der Tourenvorschläge farbig markiert. Diese Farben erklären sich wie folgt:

Leicht Diese Wege sind überwiegend gut markiert und nur mäßig steil, daher auch bei Schlechtwetter relativ gefahrlos zu begehen. Es bestehen in der Regel keine Orientierungsprobleme. So können sie auch von Kindern und älteren Leuten ohne große Gefahr begangen werden.

Mittel Diese Wege und Steige sind in der Regel ausreichend markiert oder gut ersichtlich, häufig aber schmal und können über kurze Abschnitte bereits etwas ausgesetzt sein. Deshalb sollten sie nur von trittsicheren, ausdauernden Bergwanderern begangen werden.

Schwierig Diese Wege und Steige sind oft nicht ausreichend markiert und überwiegend schmal und steil angelegt – teilweise verlaufen sie in weglosem Gelände, so dass ein guter Orientierungssinn notwendig ist. Stellenweise können sie sehr ausgesetzt sein, nur selten aber wird die Zuhilfenahme der Hände nötig. Das bedeutet, dass diese Wege nur von trittsicheren, schwindelfreien, konditionsstarken und alpin erfahrenen Wanderern angegangen werden sollten.

An Felsentürmen vorbei auf dem Weg zum Gíngilos.

Gefahren

Besondere Ausgesetztheit bzw. Kletterstellen werden im Text angegeben. In Bergregionen über 2000 m muss oft bis ins späte Frühjahr (Anfang Juni) mit ausgedehnten Altschneefeldern gerechnet werden. Hier besteht die Gefahr des Einbrechens, da die Schneefelder häufig die für diese Höhe typischen Geländeformationen wie Erosionslöcher und Dolinen, aber auch Bäche abdecken können. Während des ganzen Jahres kann es – selbst bei Schönwetterlage – zu starkem Südwind kommen, der in ungünstigen Lagen durchaus einen erwachsenen Menschen umwerfen kann. Manche Gipfelbesteigungen sind dann nicht möglich. Vor allem im Nordwesten Kretas kommt es oft bis in

den Mai und ab Oktober zu schweren Gewittern, die im Gebirge eine besondere und zudem kaum vorhersehbare Gefahr darstellen.
In der Nähe von Dörfern, Einzelgehöften und Stallungen sind oft frei laufende Hunde anzutreffen, die manchmal auch Fremde wütend ankläffen. Sich bücken, um dem Anschein nach Steine aufzuheben, reicht oft aus, die Hunde in die Flucht zu schlagen – Steinwürfe fürchten sie sehr.

Beste Jahreszeit

Die besten Bedingungen für Wanderungen findet man im Frühjahr (April / Mai) und im Herbst (September / Oktober) vor. Der Sommer ist meist sehr heiß, bietet aber gute Voraussetzungen für Touren in schattigen Tälern und in höher gelegenen Bergregionen. Der »Winter« kann oft die beste Wanderzeit sein, da es auf Kreta keine typische Regenzeit gibt – das Thermometer klettert schnell mal auf 20 Grad, sobald die Sonne zum Vorschein kommt. Allerdings muss man mit mehrtägigem Dauerregen rechnen, auch mit Gewittern und mit Schneefall ab 1000 m. Prinzipiell gilt: Regenhäufigkeit und Kälte nehmen von Nordwest nach Südost ab, an der Südküste und im Osten der Insel gibt es Regionen, wo das ganze Jahr über kaum ein Tropfen fällt.

Ausrüstung

Festes Schuhwerk, strapazierfähige Hose, Regen- und Windschutz, Tourenproviant, ausreichend Flüssigkeit sowie Sonnenschutz sind Voraussetzung. Für die Besichtigung von Klöstern wird häufig auf lange Röcke und bedeckte Schultern bei Frauen sowie auf lange Hosen bei Männern hingewiesen.

Karten

Es gibt derzeit keine topographischen Karten im Maßstab 1:50.000, wie sie in Mitteleuropa üblich sind. Am empfehlenswertesten sind die Harms-ic-Karten Kreta Ost / West 1:100.000, in denen die Wanderrouten dieses Buches und die Streckenführung des E4 eingezeichnet sind. Für die genaue Orientierung im Gelände ist der Maßstab der Karten allerdings unzureichend.

Gehzeiten

Die Zeitangaben beziehen sich auf die reine Gehzeit mit leichtem Tagesgepäck, ohne Rast- und Fotopausen. Zur besseren Orientierung werden neben der Gesamtgehzeit in den Streckenprofilen auch die Etappenzeiten angegeben, im Steckbrief zudem der Höhenunterschied und manchmal auch die Entfernungen.

Einkehr und Unterkunft

Auf Kreta gibt es in fast allen Orten Kafenia (hier gibt es nur Getränke,gelegentlich auch kleine Speisen, sie sind aber dennoch als Einkehrmöglichkeiten bei den Symbolen und im Steckbrief berücksichtigt!) und Tavernen, nur in größeren und touristischen Orten Restaurants. Essen und Getränke sind in den Dörfern noch relativ preiswert, so dass sich die Mitnahme von Lebensmitteln bei Wanderungen kaum lohnt. Das Übernachten im Freien ist in Kreta wegen des milden Klimas gut möglich und wird bis auf wenige Ausnahmen toleriert. Offiziell ist es jedoch verboten; man sollte in der Nähe von Dörfern und Tavernen die meist günstigen Zimmerangebote nutzen. Übernachtungen in den Schutzhütten in den Bergen Kretas sind nur bei geführten Wanderungen möglich. Nur die Kallérgi-Hütte ist von Mai bis Oktober bewirtschaftet.

Anfahrt

Es besteht ein gut augebautes öffentliches Busnetz. Viele Ausgangspunkte können so – zumindest während der Saison – gut erreicht werden. Bei Nebenlinien, am Saisonanfang und -ende und während der griechischen Sommerferien (Juli / August) sollte man sich allerdings nochmals erkundigen. Abseits der Hauptverkehrsstraßen wird man von den Einheimischen auch mit dem Auto mitgenommen, oder es lassen sich Privatfahrten organisieren.

Natur- und Umweltschutz

Kreta besitzt – wenigstens auf den ersten Blick – eine noch weitgehend unberührte Naturlandschaft. Durch den zunehmenden Tourismus und die damit verbundene Erschließung hat sich in den letzten Jahren aber vieles verändert. Die Behörden greifen kaum ein, wenn es um nachhaltige Zerstörung der Landschaft, etwa durch Straßenbau, Neubauten von Hotels und Bungalowanlagen oder wilde Müllplätze geht. Auch die Kreter selbst demonstrieren einen oft erstaunlich sorglosen Umgang mit ihrem Land.

Trotz der Sorglosigkeit der Inselbewohner möchten wir Sie bitten: Respektieren Sie alle Pflanzen und Tiere, nehmen Sie Ihre Abfälle wieder mit und gehen Sie sparsam mit Wasser um. Werfen Sie nie unachtsam Zigarettenkippen weg und machen Sie kein offenes Feuer – auf der Insel besteht eine extreme Waldbrandgefahr, besonders während der Hochsommermonate und im Herbst. Schränken Sie sich nach Möglichkeit auch beim Fahren mit dem PKW ein – es gibt kaum Fahrverbote und so trifft man die Mietautos mittlerweile an den entlegensten und einsamsten Plätzen der Insel, die nur über ruppige Straßen und Pisten erreichbar sind. Und noch eines: Äußern Sie auch ruhig einmal Ihre Verwunderung und Ihre Bedenken, wenn Sie gedankenlose oder leichtfertige Zerstörung der Natur mitbekommen.

Europäischer Fernwanderweg E4

Kreta besitzt mittlerweile einen Fernwanderweg. Der schwarz gelb markierte E4, der in ca. 41 Wanderetappen gegliedert ist, beginnt in Kastélli Kíssamou im Nordwesten der Insel und endet in Káto Zákros im Osten. Zwischen Soúgia bzw. Omalós und der Nídha-Ebene gibt es eine südliche und eine nördliche Variante, zwischen denen immer wieder Verbindungswege bestehen. Die Wegführung hält sich sowohl an alte Pfade als auch an Straßen, teils führt der Wanderweg auch durch wegloses Gelände. Einige Etappen des E4 sind in diesem zweibändigen Wanderführer als Tageswanderungen beschrieben.

Wandern auf Kreta

Geografisches

Kreta ist mit 8288 Quadratkilometern die größte aller griechischen Inseln und nach Sizilien, Sardinien, Zypern und Korsika die fünftgrößte des Mittelmeeres. Sie besitzt eine Länge von 260 km und ist zwischen 12 und 56 km breit. Berge und hügeliges Gelände dominieren auf der Insel, viele tief eingeschnittene Schluchten ziehen zum Meer hinab.

Drei Gebirgszüge prägen die Insel: im Westen die Lefká Ori, 2452 m, in der Mitte das Massiv des Ida, 2446 m, und im Osten das Massiv der Díkti-Berge, 2148 m. Daneben gibt es noch zahlreiche kleine Gebirgszüge, wie die Kouloúkonas-Berge an der Nordküste. Im Gegensatz zur meist steilen und schwer zugänglichen Südküste besteht die Nordküste aus überwiegend flachen Küstenstreifen. Eine besondere geologische Eigenheit bilden die vielen Karstebenen, die meist in die Gebirge eingebettet sind. Im Westen sind dies die Omalós-Hochebene (2,5 km Durchmesser, 1050 bis 1300 m hoch) und die Askífou-Ebene (1 km Durchmesser, 700 m hoch), in der Mitte die Nídha-Hochebene (1,5 km Durchmesser, 1400 m hoch). Bis weit ins Frühjahr hinein sind sie schneebedeckt; das Schmelzwasser läuft durch unterirdische Systeme ins Meer oder speist die wenigen Wasser führenden Flüsse. Der Kournás-See ist der einzige Süßwassersee der Insel.

Der Kreis Apokorónou gehört zu den wasserreichsten Regionen Kretas.

Die Top-Touren Westkretas

Zu den Klöstern von Akrotíri

Eine besonders lohnende Wanderung durch unterschiedliche Landschaften zu sehenswerten Klosteranlagen (Tour 1, 4.15 Std.).

Von Paleohóra nach Soúgia

Am Libyschen Meer entlang – ein Genuss von Sonne, Himmel und Meer (Tour 20 (4½ Std.).

Durch die Arádhena-Schlucht ins Bergdorf Anópolis

Eine faszinierende Mischung aus Baden und Wandern, und alles auf geschichtsträchtigem Boden (Tour 25, 6.15 Std.).

Abstieg von Omalós

Aus der Hochregion über alte Handelswege durch die Berge an die Südküste – welche ein Genuss (Tour 40, 2.45 Std.)!

Die Kallérgi-Hütte und der Melindáou, 2133 m

Bergwandern im Zentrum der Weißen Berge und grandiose Tiefblicke in das Tal von Samariá (Tour 41, 7.20 Std.).

Gíngilos, 2080 m, und Volakiás, 2116 m

Zwei Zweitausender auf einen Streich – ein wilder, felsiger und luftiger Höhenweg der beonderen Art (Tour 43, 6.45 m).

Die Samariá-Schlucht

Der Klassiker auf Kreta schlechthin: Fantastische Abstiegswanderung von den Bergen durch das Tal von Samariá bis an die Südküste (Tour 44, 5.30 Std.).

Auf den Psiloritis, 2456 m

Herrliche Fernblicke vom König der kretischen Berge (Tour 46, 7.00 Std.).

Die Insel verfügt über viele sehr ergiebige Quellen, die für die Versorgung der Bevölkerung leicht ausreichen – der zunehmende Tourismus und die Umstellung der Landwirtschaft auf bewässerungsintensiven Landbau zwingen jedoch zur Exploration neuer Reservoire. Dabei stößt man immer wieder auf neue Höhlen; über 3000 davon sind schon bekannt, die wenigsten aber sind erforscht. Der große Wasserverbrauch vor allem in den Sommermonaten hat in vielen Teilen der Insel bereits zu einer deutlichen Absenkung des Grundwasserspiegels und zum Versiegen von vielen Brunnen geführt.

Vegetation und Tierwelt

Kreta zählt 1500 Arten von Pflanzen, davon sind etwa 10% endemisch, d.h. sie kommen nur auf dieser Insel vor. Die am häufigsten vertretenen Baumarten sind Kiefern, Zypressen, Stein- und Kermeseichen, Platanen und Eukalyptus. Das Landschaftsbild wird allerdings weitgehend von Nutzbäumen bestimmt, von Oliven-, Orangen- und Zitronen-, Feigen-, Johannisbrot-, Mandel- und Walnussbäumen. In der Nähe von Dörfern und im kretischen Mittelland finden sich häufig Weinfelder.
Die Baumgrenze liegt bei etwa 1700 m, bis dahin erstreckt sich überwiegend Weideland mit eher kärglicher Vegetation. Hier gedeihen viele Kräuter, Heil- und Arzneipflanzen, darunter Salbei, Thymian und Oregano, Diktamos, Rosmarin, Lorbeer sowie zahlreiche Minzarten. Viele Straucharten finden sich auf

Hora Sfakion an der Südküste Kretas.

der Insel: Oleander, Ginster, Myrte, Vitex, Wacholder und viele mediterrane Hartlaubgewächse. Im Winter und Frühjahr ist die Blütezeit der Wildblumen, der Narzissen, Alpenveilchen, Anemonen, Mohnblumen, Margeriten und verschiedenster Orchideenarten.
Die ursprüngliche kretische Tierwelt ist fast ausgerottet. Es finden sich noch Wildziegen, Adler sowie Bart- und Gänsegeier, die alle unter besonderem Schutz stehen, sowie Kleintiere, Kaninchen, Dachse, Sumpfschildkröten, Wiesel, Igel, Schlangen und Echsen und zahlreiche Vogelarten.

Klima und Wetter

Die Regenfälle beschränken sich fast völlig auf die Wintermonate, während im Sommer meist absolute Trockenheit herrscht. Die Übergangszeiten zwischen diesen beiden beherrschenden Jahreszeiten sind entsprechend kurz und oft wenig ausgeprägt. Kälteste Monate sind Januar und Februar, am heißesten wird es zwischen Juni und Ende September, wobei der Norden im Sommer, im Gegensatz zur extrem heißen Südküste, oft durch einen etwas kühleren Wind begünstigt ist. Unangenehm wirkt sich der orkanartige Schirokko aus Afrika aus; er lässt die Temperaturen schlagartig um zehn Grad ansteigen und auch in der Nacht gibt es dann keine Abkühlung. Zu erwähnen sind noch die vor allem im Nordwesten und im Gebirge auftretenden, teils heftigen Wärmegewitter, die hin und wieder auch Schlechtwettertage ankündigen.

Zur Geschichte Kretas

6000-2600 v.Chr., Neolithikum: Jungsteinzeitliche Siedlungsspuren auf Kreta.

2600-2000 v.Chr., Vorpalastzeit: Einwanderung über die Ägäis in die Ebenen Mittel- und Ostkretas. Beginn der Kupfer- und Bronzeverarbeitung.

2000-1700 v.Chr., Zeit der alten Paläste: Entstehung von Herrschaftszentren mit Palästen in Knossos, Mallia und Festos. Kulturelle Blüte. Minoische Seeherrschaft. Lebhafter Handel mit den ägäischen Inseln, Ägypten, Nordafrika und Kleinasien. Aufschwung von Kunst und Handwerk. Entwicklung der »Linear A«-Schrift. Zerstörung aller Anlagen durch ein schweres Erdbeben um 1700 v.Chr.

1700-1400 v.Chr., Zeit der neuen Paläste: Wiederaufbau der Paläste. Bau des Palastes von Káto Zákros. Höhepunkt von Kunst und Handwerk sowie Wirtschaft und Handel. »Linear B«-Schrift. Ein Vulkanausbruch auf der Insel Santorini ca. 1450 v.Chr. mit Erd- und Seebeben führt zur vollständigen Zerstörung aller Paläste und Gebäude.

Die Antonioshöhle am Eingang zur Tsiríta-Schlucht.

1400-1100 v.Chr., Nachpalastzeit: Dorische Invasoren vom Festland. Aufgabe der Siedlungen und Versklavung der einheimischen Bevölkerung. Einfachere Formen beherrschen jetzt das Handwerk.

1100-67 v.Chr., dorische Zeit: Bergfestungsanlagen in Lato, Polirinía, Karfi. Kreta wird Teil des dorischen Besiedlungsraumes. Eigene Münzen werden geprägt und Gesetze erlassen. Handelsbeziehungen mit Phönizien und Ägypten. Eisen verdrängt die Bronze. Die 35 Stadtstaaten (polis) Kretas befehden einander.

68 v.Chr.-395 n.Chr., römische Epoche: Kreta wird römische Provinz mit dem Zentrum Gortys in der Messara-Ebene. Stabilität und Frieden herrschen auf der Insel. Zugeständnis von Selbstverwaltungsrechten durch Rom. Zeit der wirtschaftlichen Blüte. Aufkommen und Verbreitung des Christentums. Nach dem Vorbild anderer römischer Provinzen entstehen Straßen, Brücken, Aquädukte, Regierungsgebäude, Tempel, Theater, Villen und Bäder.

395-824 n.Chr., erste byzantinische Epoche: Aufspaltung des Römischen Reiches in West- und Ostreich. Kreta ist Teil des Byzantinischen (Oströmischen) Reiches und nimmt keine besondere politische Rolle ein. Während dieser Zeit werden viele Kirchen errichtet.
824-961 n.Chr., arabische Besetzung: Araber (Sarazenen) landen 824 unter der Führung von Abu Hafs Omar, erobern Górtys und verwüsten die ganze Insel. Kreta wird Zentrum der Seeräuberei und des Sklavenhandels im östlichen Mittelmeer. Byzantinische Versuche, die Insel zu erobern, scheitern.

961-1204 n.Chr., zweite byzantinische Epoche: Dem byzantinischen Feldherrn Nikeophoros Phokas gelingt es schließlich, die Araber aus Kreta zu vertreiben. Kolonisierung durch Familien aus allen Teilen des Byzantinischen Reiches. Einwanderer aus Genua und Venedig.

1204-1669 n.Chr., venezianische Zeit: Im Gefolge des vierten Kreuzzuges fällt Kreta an Bonifatius II., Markgraf von Montferrat, der es für 10 000 Silbermark an die Venezianer abtritt. 1206 landen die Venezianer mit 31 Schiffen auf Kreta, kolonisieren das Land nach militärischen Gesichtspunkten und geben der Insel eine neue Verwaltungsstruktur.

1669-1898, osmanische Epoche: Trotz großer Anstrengungen der Venezianer, die ihre Befestigung verstärken, wird Hania 1645 von der osmanischen Flotte erobert. 1647 folgt Rethimnon und 1648 beginnt die Belagerug von Candia (Iráklion), mit dessen Fall 1669 die osmanische Eroberung Kretas abgeschlossen ist. Mit der Einteilung in Gerichtsbezirke (kazas), die jeweils einem Kadi unterstehen, erhält Kreta eine neue Verwaltungsstruktur. Viele konvertieren zum Islam. 1821 erhebt sich das griechische Festland gegen die Osmanen und proklamiert 1832 die Unabhängigkeit Griechenlands. Erst 1898 aber müssen die Osmanen die Insel räumen, und Kreta erhält seine Autonomie unter einem alliierten Hochkommissar.

1898-1913, autonome Verwaltung: Der Gedanke eines Anschlusses an das Mutterland gewinnt zunehmend an Triebkraft. Unter Elefterios Venizelos erreicht Kreta 1913 die Aufnahme in den griechischen Staatsverband.

1913-1944, die Weltkriege: Am Ersten Weltkrieg ist Kreta nicht beteiligt. Im Zweiten Weltkrieg setzen sich die vom Festland vertriebenen britischen Streitkräfte hier ab, um Kreta als Seestützpunkt für die Briten zu halten. Landung der Deutschen und Besatzung von 1941 bis 1944. Sie kostet viele Widerstandskämpfer das Leben.

1945 bis heute: Nach dem Krieg sind viele Familienmitglieder gezwungen, ins Ausland zu gehen, um zu arbeiten. Viele Dörfer werden verlassen, zumal auch die Industrie auf dem Festland Arbeitskräfte anzieht. Mit der durch die Aufnahme Griechenlands in die EU (1981) allmählichen Steigerung landwirtschaftlicher Exporte und einer rapiden Zunahme des Tourismus kommt es zu einem anhaltenden Aufschwung der Insel. 2002: Einführung des Euro.

Das Kloster Agía Triáda auf der Halbinsel Akrotíri.

Informationen und Adressen von A – Z

Anreise

Mit dem Flugzeug: Für die meisten Touristen sind Charterflüge (März bis Oktober) die preiswerteste Reisemöglichkeit. Ganzjährig fliegen Aegean/Lufthansa und Olympic Iráklion und Haniá an. Billige Charterflüge gibt es auch nach Athen. Von dort mit Flugzeug oder Fähre nach Kreta.
Mit der Fähre: Von Piräus täglich Fährschiffe (19.00 Uhr) nach Haniá, Iráklion und dreimal wöchentlich nach Réthimnon. Die Überfahrt dauert 11 Stunden. Schneller geht es mit den neuen Superfast-Fähren (ca. 5 Std.).
Mit dem Auto: Von Italien gibt es Autofähren von Triest, Ancona, Ortona, Brindisi, Bari und Otranto nach Pátras.

Auskunft

Informationsmaterial über Kreta ist erhältlich bei:
Griechische Zentrale für Fremdenverkehr – Neue Mainzer Straße 22, D-60311 Frankfurt/Main, ✆ 069/257 82 70, E-Mail info@gzf-eot.de, www.eot.gr; Wittenbergplatz 3a, D-10789 Berlin, ✆ 030/21 76 262-63; Abteistr. 33, D-20149 Hamburg, ✆ 040/45 44 98; Pacellistr. 5, D-80333 München, ✆ 089/22 20 35/36; Opernring 8, A-1015 Wien, ✆ 0222/512 53 17/18; Löwenstraße 25, CH-8001 Zürich, ✆ 01/22 10 105.

Camping

Obwohl Wildcampen in Griechenland grundsätzlich nicht erlaubt ist, kann man in den Bergen oder an einsamen Buchten Kretas durchaus sein Zelt aufschlagen – an den Stränden der Touristenorte jedoch finden Polizeikontrollen statt. Es gibt etwa zwei Dutzend Campingplätze auf der Insel.

Diebstahl

Die Zeiten, als man in Griechenland sein Gepäck unbeaufsichtigt am Strand oder anderswo stehen lassen konnte, sind vorbei. Autoaufbrüche sind zwar selten – lassen Sie aber trotzdem keine Wertsachen im Wagen.

Feiertage

1. Januar, 6. Januar, 25. März, Ostern, 1. Mai, Pfingsten, 15. August, 28. Oktober, Weihnachten.

Klimatabelle Iráklion

Monat	1	2	3	4	5	6	7	8	9	10	11	12	Jahr	
Luft	12	13	14	17	24	24	26	26	24	20	17	14	19	°C
Luft max.	16	16	17	20	24	28	29	29	27	24	21	17	22	°C
Wasser	16	15	16	17	19	22	24	25	24	23	20	17	20	°C

Klima

Auf Kreta scheint die Sonne 300 Tage im Jahr. Dabei ist der Osten trockener als der Westen. Zum Wandern ist das Frühjahr am schönsten und angenehmsten. Der milde Winter dauert drei bis vier Monate, wobei die Küsten immer schneefrei sind. Nur in den Bergen fällt Schnee, der in den Hochlagen bis in den Frühsommer liegen bleibt.

Notruf

In Kreta gibt es keinen Bergrettungsdienst. Bei Notfällen am besten nächste Polizeistation alarmieren: Polizei 100 – Pannenhilfe 104 – Feuerwehr 199.

Sport

Wassersport und Wandern führen die Hitliste der beliebtesten Freizeitmöglichkeiten an. Zur Angebotspalette der touristisch erschlossenen Zonen gehören neben Surfen, Segeln und Tauchen auch Wasserski und Gleitschirmfliegen.

Tennisplätze findet man fast nur in den Hotelanlagen.

Eine immer größere Anhängerschaft gewinnt das Mountain-Biking auf Kreta.

Telefon

Vorwahl nach Kreta (Griechenland) 0030. Vorwahl von Kreta nach Deutschland 0049, nach Österreich 0043, in die Schweiz 0041.

Verkehrsmittel auf Kreta

Busse: Das kretische Busunternehmen KTEL unterhält ein breit gefächertes Verkehrsnetz auf Kreta. Es teilt sich in KTEL Haniá / Réthimnon und KTEL Iráklion / Lassíthi, von denen jeweils Buspläne für ihr Netz erhältlich sind. Größere Orte werden mehrmals täglich angefahren. Auf der Nationalstraße im Norden zwischen Agios Nikólaos im Osten und Kastélli Kíssamou im Westen halbstündlich bis stündlich Linienverkehr. Im Winter sind die Busverbindungen stark eingeschränkt.

Taxi: In den Städten mit einem Taxameter ausgerüstet. Auf dem Land heißen die Taxis Agoreon und es gilt eine Preisliste.

Mietwagen: Mittlerweile stehen fast an jeder Ecke Kretas PKWs und Motorroller zur Vermietung.

Schiffe

An der Südwestküste können Schiffe eine wichtige Rolle für den Wanderer spielen – doch alle Schiffe sind wetter- und saisonabhängig.

Schiffe verkehren zwischen Hóra Sfakíon, Loutró, Agia Rouméli, Soúgia und Paleohóra.

Zeit

In Griechenland ist es eine Stunde später als bei uns. Ist es in Deutschland 12.00 Uhr, dann ist es auf Kreta schon 13.00 Uhr.

Kithiro
Αντικύθηρο
Akr. Spanda
Ακρ.Σπάντα
N. Agria Gramvousa
Ν.Αγρια Γραμβούσα
Gramvousa
Γραμβούσα
Akr. Vouxa
Ακρ.Βούζα
Rodopou
Ροδώπου
4
Kolpos Hanion
Κόλπος Χανιών
Akr.Tripiti
Ακρ.Τρυπητή
5
Kolpos Kissamou
3
Rodopos
Ροδωπός
Κόλπος Κισσάμου
Kolimvari
Κολυμβάρι
Akrotiri
2
1
Horafakia
Χωραφάκια
M. Ag. Triada
Μ. Αγ. Τριάδα
7
Ravdouha
Ραβδούχα
Geroskinos
Falasarna
Φαλάσαρνα
6
Kissamos
Κίσσαμος
Platanias
Πλατανιάς
Ag. Marina
Αγ. Μαρίνα
HANIA
ΧΑΝΙΑ
Ag. Georgios
Άγ. Γεώργιος
Episkopi
Επισκοπή
Tavronitis
Ταυρωνίτης
Souda
Σούδα
Anemomili
Ανεμόμυλοι
O. Soudas
Ο. Σούδας
Limani
Λιμάνι
Platanos
Πλάτανος
Drapanias
Δραπανιάς
Loutraki
Λουτράκι
Agia
Αγιά
Mournies
Μουρνιές
Nerokouros
Νεροκούρος
Kalives
Καλύβες
Plaka
Πλάκα
Polirrinia
Πολυρρ
8
Topolia
Τοπόλια
Voukolies
Βουκολιές
Deres
Ντερές
Skines
Σκινές
Fournes
Φουρνές
Panagia
Παναγία
10
N. Horio
Ν. Χώριο
Vamos
Βάμος
Drapanos
Δράπανος
Sfinari
Σφηνάρι
Sirikari
Σιριγιανά
9
Kakopetros
Κακόπετρος
Skonizo
Σκονίζο
Kefalas
Κεφαλάς
Kambos
Κάμπος
Sembronas
Σέμπρονας
Orthouni
Ορθούνι
Therisso
Θέρισσο
Kambi
Κάμποι
Melissia
Μελισσιά
Strovles
Στρόβλες
Floria
Φλώρια
Lakki
Λάκκοι
38
39
Kares
Καρές
Fres
Φρές
11
Georgioupoli
Γεωργιούπολη
Amigdalokefali
Αμυγδαλοκέφαλι
Vathi
Βαθύ
Elos
Έλος
Kandanos
Κάντανος
1331
Prases
Πρασές
Zourva
Ζούρβα
Vrises
Βρύσες
M. Hrisoskalitissa
Μ. Χρυσοσκαλίτισσα
1182
Omalos
40
42
41
E. D. Samarias
Δ. Σαμαριάς
91
Moustakos
Μούστακος
Kakodiki
Κακοδίκι
Epanohori
Επανωχώρι
Embrosneros
Εμπρόσνερος
Orami
Δράμι
Sklavopoula
Σκλαβοπούλα
Temenia
Τεμένια
21
Lefka Ori
43
Λευκά Όρη
45
Askifou
Ασκύφου
Kournas
Κουρνάς
Voutas
Βουτάς
Koustogerako
Κουστογέρακο
44
Pahnes
Πάχνες
2453
29
12
Elafonisi
Ελαφονήσι
Ag. Theodori
Αγ. Θεόδωροι
Azogires
Αζογυρές
Φ. Samarias
Imbros
Ίμπρος
Kallikratis
Καλλικράτης
19
Prodromi
Προδρόμι
Ag. Ioannis
Αγ. Ιωάννης
20
22
Ag. Roumeli
Αγ. Ρουμέλη
28
30
Akr. Krios
Ακρ.Κριός
Koundoura
Κουντούρα
Paleohora
Παλαιοχώρα
Sougia
Σούγια
24
Anopoli
Ανώπολη
Patsianos
Πατσιανός
Skaloti
23
26
25
27
Vouvas
Βούβας
Sfakia
Σφακία
Frangokastello
Φραγκοκάστελλο
Libiko
Gavdopoula
Γαυδοπούλα
52
Kastri
Καστρί
Gavdos
Γαύδος
Ambelos
Αμπελος
Vatsiana
Βατσιανά

Kriti (Kreta)
Κρήτη
ΚΡΗΤΙ
PELAGOS
Rethimno
Ρέθυμνο
IRAKLIO
ΗΡΑΚΛΕΙΟ
Kolpos Irakliou
Κόλπος Ηρακλείου
Akr. Stavros
Ακρ. Σταυρός
Ag. Pelagia
Αγ. Πελαγία
Panormo
Πάνορμο
Bali
Μπαλί
Sises
Σίσες
Fodele
Φόδελε
Anogia
Ανώγεια
Psiloritis
Ψηλορείτης
2456
Idi
Ίδη
Spili
Σπήλι
Ag. Galini
Αγ. Γαλήνη
Timbaki
Τυμπάκι
Mires
Μοίρες
Matala
Μάταλα
Ormos Mesaras
Όρμος Μεσαράς
N. Paximadia
Ν.Παξιμάδια
Mesara
Μεσαρά
Kali Limenes
Akr. Lithino
Ακρ. Λίθινο
Lendas
Λέντας
Knosos
Κνωσός
Gortys
Γόρτυς
Festos
Φαιστός

Der Nordwesten Kretas

Die zwei höchsten Gebirgszüge der Insel, die Weißen Berge und das Ida-Gebirge (Psiloritis), prägen den landschaftlichen Charakter im Nordwesten Kretas. Auf ihren Nordseiten gibt es zwar reichlich Wasser, dennoch sind für die landwirtschaftliche Produktion aber nur einige flache Küstenstreifen von Bedeutung. Zahllose Olivenbäume – das kretische Olivenöl gehört zu den besten der Welt – bilden die Haupterwerbsquelle der Kleinbauern. Während der Anbau von Zitrusfrüchten sowie der Weinbau in diesem Teil der Insel nur eine untergeordnete Rolle spielen, ist die Schaf- und Ziegenzucht weit verbreitet.
Zwei Städte bilden die wirtschaftlichen Zentren der Region: die Kreishauptstädte Haniá und Réthimnon. Beide warten mit einem beschaulichen Altstadtviertel, schmalen Gassen und venezianischen und türkischen Häusern auf, die sich um den venezianischen Hafen gruppieren. **Haniá**, die größere von beiden, zählt etwa 60 000 Einwohner. Sehenswert sind die Markthalle und die Janitscharen-Moschee am alten Hafen. Wenige Kilometer südöstlich von Haniá liegt die Hafenstadt Soúda. Hier legen die großen Fähren aus Piräus an. Die **Bucht von Soúda** gehört zu den bestgeschützten natürlichen Buchten des Mittelmeeres. Kein Wunder, dass sich hier ein Marinestützpunkt befindet und die ganze Bucht eine militärische Sicherheitszone ist. Die Akrotíri-Halbinsel, die sich zwischen Haniá und Soúda ins Meer erstreckt, strotzt mit einem Militärflughafen und einem NATO-Übungsplatz gleichsam von Waffen – außerdem befindet sich hier der Zivilflughafen von Haniá. Auf der weitgehend erschlossenen Halbinsel lohnt ein Besuch der reizvollen Klöster Katholikó und Agia Triáda, in Stavrós besitzt sie einen schönen Strand. Die beiden anderen Halbinseln im Nordwesten gehören dagegen den Schaf- und Ziegenherden. Zu den Besonderheiten der **Halbinsel Rodopoú** zählt das Diktynaion, ein der Göttin Diktyna geweihtes Heiligtum, von dem nur noch Reste erhalten sind. Am Fuß der Halbinsel steht das Kloster Goniá, wo der Metropolit von Haniá, Irenäus, eine Ökumenische Akademie zur Völkerverständigung eingerichtet hat. Er ist auch der Initiator für die großen Feiern, die alljährlich am 29. August an der Kapelle Agios Ioánnis Giónis auf der Halbinsel stattfinden. Nicht weniger karg ist die **Halbinsel Gramvoússa** im äußersten Nordwesten, die eine traumhafte, Tigáni Bálos genannte, feinsandige Bucht aufweist. Auf der gleichnamigen vorgelagerten Insel steht ein venezianisches Kastell, das erst 1692 vor den Türken kapitulierte.
Fährt man die Straße von Haniá Richtung Westen, löst ein Sandstrand den andern ab. Leider wurde die Gegend um Agia Marína stark verbaut – entlang der Straße sind zahlreiche Hotels, Pensionen, Supermärkte, Souvenirgeschäfte und Auto- bzw. Motorradverleiher angesiedelt. Nach Kolimbári durchschneidet die Straße einen Bergausläufer und erreicht die Hauptstadt des Kíssamos-Bezirkes **Kastélli Kíssamou**. Fährt man die Straße weiter, so trifft man am westlichen Fuß der Halbinsel Gramvoússa auf **Falássarna** mit

seinem schönen Sandstrand. Der flache Küstenstreifen und die reichlich vorhandene Sonne bieten hier ideale Voraussetzungen für den Gewächshaus-Anbau. Falássarna und das südlich von Kastélli gelegene **Polirinía** geben Zeugnis für die dorische Besiedlung in diesem Teil der Insel. Wer eine lange Fahrt mit Auto oder Bus nicht scheut, für den lohnt es sich, in den äußersten Südwesten der Insel aufzubrechen zum wunderschön gelegenen **Kloster Hrissoskalítissas** und zu den paradiesischen Elafoníssos-Inseln. Von der Nordküsten-Nationalstraße führen mehrere, teils äußerst kurvenreiche Straßen durch das Inselinnere zur Südküste. Sie passieren zahlreiche abgeschiedene Dörfer mit sehenswerten, aus dem Mittelalter stammenden byzantinischen Kirchen und geben einen Eindruck vom Leben der Landbevölkerung.

Der Nordwesten der Insel hat eine ganze Reihe sehenswerter **Schluchten** aufzuweisen. Durch einige führen Straßen, so dass man diese bequem vom Auto aus kennen lernen kann – so die Topólia-Schlucht südlich von Kastélli oder die Thérissiano-Schlucht südlich von Haniá.

Die Fahrt auf der Nationalstraße von Haniá nach Réthimnon dauert knapp eine Stunde. Zwischen den beiden Städten liegt der Ort **Georgioúpolis** am Beginn eines kilometerlangen Sandstrandes. Im Hinterland, umschlossen von hohen Bergen, befindet sich Kretas einziger See, der **Kournás-See**.

Die Kreisstadt **Réthimnon** bezaubert durch den bereits erwähnten venezianischen Hafen und das türkisch-venezianische Altstadtviertel. Sehenswert ist auch die über der Stadt liegende Festung. Réthimnon zählt etwa 20 000 Einwohner. In den Sommermonaten dagegen wächst die Zahl der Touristen über die der Einwohner hinaus, denn an den Stränden östlich von Réthimnon stehen zahlreiche Hotelanlagen und Pensionen. Erst an den Hängen der **Kouloúkonas-Berge** wird die Küste felsiger und unzugänglicher. Das Hinterland des Kreises Réthimnon ist gleichfalls sehr gebirgig, so dass nur wenige Straßen zur Südküste führen. Landschaftlich besonders beeindruckend ist die Fahrt durch die **Kourtaliótiko-** oder die **Kotsifoú-Schlucht** nach Plakiás sowie die Fahrt durchs **Amári-Becken** nach Agia Galíni.

Landschaft bei Georgioúpolis.

1 Zu den Klöstern von Akrotíri

4.15 Std.

Einfache Wanderung zu Klöstern und zum Meer

Das Kloster Agia Triáda ist das bedeutendste und größte Kloster der Halbinsel Akrotíri und typisch für die venezianisch-kretischen Klöster des 16. Jh. Es liegt inmitten von weitläufigen und gepflegten Orangen- und Olivenplantagen und ausgedehnten Weinfeldern.

Ausgangspunkt: Kloster Agia Triáda, 100 m, 16 km von Haniá. Die große, harmonische Klosteranlage liegt in der weiten Ebene vor den Bergen von Akrotíri und wird über eine schöne Zypressenallee erreicht. Werktags zweimal, sonntags einmal täglich fährt ein Bus bis Agia Triáda.
Höhenunterschied: Aufstieg 200 m, Abstieg 300 m (Hinweg), insgesamt also 500 m.
Anforderungen: Leichte Schluchtwanderung, meist gute Weganlage, kurze Strecke im Kiesbett, eine Abstiegsstelle über ein 5 Meter hohes Steilstück, gutes Schuhwerk notwendig, wenig Schatten; die Wanderung ist das ganze Jahr über möglich.
Einkehr/Unterkunft: Mehrere Tavernen und Cafés in der Nähe des Flughafens. Hotels, Pensionen und Campingplätze in Haniá.
Hinweis: Für die Besichtigung der Klöster Agia Triáda und Gouvernéto wird Eintritt verlangt, Frauen werden nur mit langem Rock und langärmeliger Oberbekleidung eingelassen (14–17 Uhr geschlossen).

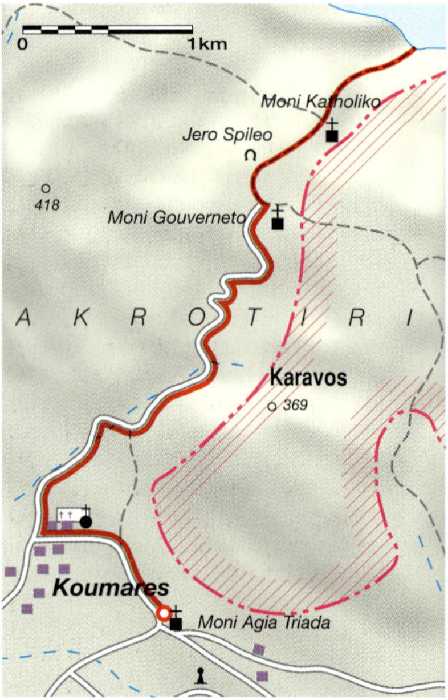

Von **Agia Triáda** führt nach Nordwesten anfangs in ebenem Gelände eine Teerstraße, später eine betonierte Straße in einem engen Tal zum 200 Meter höher gelegenen Kloster **Gouvernéto**. Die festungsartige Anlage wurde 1548 unter venezianischem Einfluss erbaut. Vom nahen Sattel aus, von dem man einen schönen Blick nach Norden zum Meer hat, führt ein guter Fußweg über altes Pflaster in 20 Minuten hinab zu einigen alten Ruinen und zur Höhle »Arkoudhiótissa« (Jero Spileo), der **Bärenhöhle**. Ein mächtiger Stalagmit, der einem Bären ähnelt, steht im Inneren der Höhle – die Kapelle

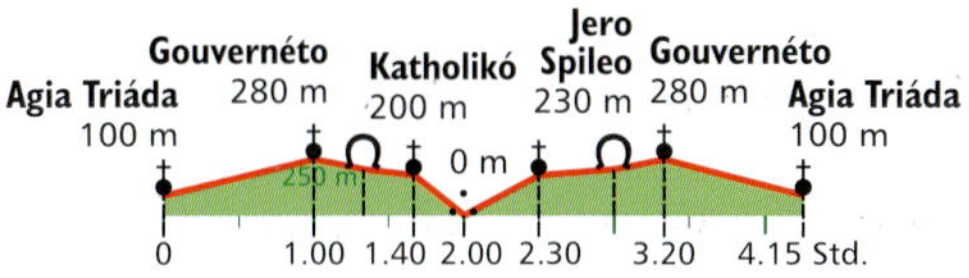

am Eingang stammt aus dem 16. Jahrhundert. Nach weiteren 20 Minuten Abstiegsweg über viele Stufen in die unter uns liegende Schlucht gelangen wir zu einer zweiten Höhle. Etwa 130 m kann man in das Innere vordringen. Jedes Jahr am Namenstag des Eremiten Johannes, am 7. Oktober, ist die Höhle Treffpunkt von zahlreichen Pilgern, die teilweise nach der abendlichen Messe die Nacht hier verbringen.

Über eine steile, in die Felsen geschlagene Treppe gelangen wir zum etwas tiefer gelegenen Kloster **Katholikó** (200 m). Nach dem Einfall arabischer Piraten im 16. Jahrhundert wurde das Kloster teilweise zerstört und ist seitdem unbewohnt, die Mönche siedelten ins höher gelegene Kloster Gouvernéto um. Die Klosteranlage wurde auf einem mächtigen Brückenbogen, in dessen Mauern Keller und Zisternen verborgen sind, erbaut. Er überspannt die an dieser Stelle 15 Meter breite Schlucht.

Unser Weg führt über diesen Brückenbogen, und gleich auf der anderen Seite geht es links den Pfad nach unten (Steinmännchen, Farbmarkierung). Man gelangt problemlos in die Schlucht und wandert dann nach links Richtung Meer. 20 Minuten lang folgen wir dem trockenen Kiesbett hinab zum Meer, die Landschaft um uns herum ist beeindruckend.

An der **Küste** sind noch die Abstufungen eines alten Steinbruches und ein altes Bootshaus aus Stein zu erkennen. An dieser alten Bootsanlegestelle gelangt man auch in die schmale, fjordartige Bucht zum Baden – die felsige Küste hingegen ist wegen der hohen Brandung ungeeignet zum Schwimmen. Auf dem gleichen Weg kommen wir schließlich wieder zurück zu den Klöstern.

Der Innenhof des Klosters Agia Triáda.

2 Agios Geórgios und Katholikó

5.30 Std.

Anspruchsvolle Bergwanderung im Norden von Akrotíri

Stavrós ist bekannt geworden durch den Film »Alexis Sorbas« – die Seilbahn, die so herrlich zusammenkracht und die beeindruckende Tanzszene am Strand wurden hier gedreht. Im Sommer ist dieser einst so schöne und einsame Ort mit der wunderbaren kleinen Lagune hoffnungslos überlaufen.

Ausgangspunkt: Stavrós, die nördlichste Ortschaft der Halbinsel Akrotíri, ehemals ein schöner kleiner Badeort. In der Saison dreimal täglich Busse von Haniá.
Endpunkt: Kloster Agia Triáda, 100 m, siehe Tour 1.
Höhenunterschied: Aufstieg 400 m, Abstieg 300 m.
Anforderungen: Mittelschwierige Wanderung. Bis zur Kirche gute Orientierung, danach schwierig zu finden, teils weglos und ohne Schatten, unterwegs nur Zisternenwasser. Bis Sattel blaue Markierung.
Einkehr/Unterkunft: In Haniá und Stavrós Hotels, Pensionen, Ferienwohnungen, Restaurants, Tavernen und Bars.
Tipp: Im steilen Hang über Stavrós, in 250 m Höhe, eine Höhle mit schönem Ausblick.

Kurz bevor die Straße den Strand erreicht, geht es vor den letzten Häusern rechts ab zum Rand der Lagune und an ihr entlang auf den Hügel östlich vom Ort zu; dort liegt auch die erwähnte Höhle. Nach den letzten eingezäunten Weidegrundstücken quert ein Fußweg nach Süden. Diesem folgen wir – er endet nach wenigen Minuten an einer neu ausgeschobenen Fahrtrasse. Diese Trasse zieht sich Richtung Osten in das beginnende Tal hinein, wir

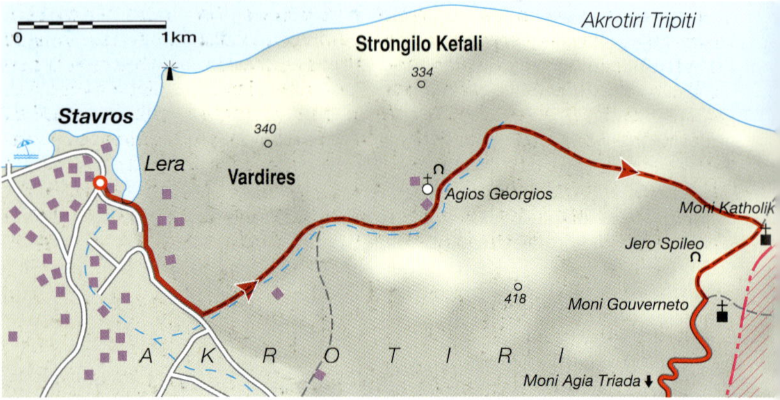

folgen ihr bis zum Ende (bis hierher ab Stavrós 20 Min.). An einer alten Zisterne vorbei benützen wir jetzt einen deutlichen Fußweg, der sich im noch flachen Tal im trockenen Bachbett fortsetzt. Der Weg verläuft teils rechts vom Bachbett, meist jedoch direkt im enger werdenden Talgrund, er zieht sich langsam, zwischen den steiler werdenden Hügeln bergauf. Vereinzelt stehen *Steinmännchen* als Markierung. Etwa eine halbe Stunde nach Beginn des Fußweges führt der Weg links des Talgrundes ein Stück oberhalb der kleinen Schlucht weiter und führt dann die wenigen Meter wieder hinab in das Kiesbett des Baches, dem wir 10 Minuten lang folgen. Das nun flacher werdende Tal verzweigt sich, links oberhalb stehen einige Mauerreste und eine große intakte Zisterne. Hier steigt man den Hang hinauf zu den oberhalb befindlichen Ruinen. Erst kurz vor diesen Ruinen wird rechts die hinter Johannisbrotbäumen und Eichen versteckte Kirche **Agios Geórgios** mit der daneben befindlichen Höhle sichtbar. Die Kirche ist direkt in den Eingang der Höhle gebaut, von ihrem Vorplatz aus hat man einen schönen Blick auf das hinabziehende Tal. Ringsherum befinden sich viele Ruinen und Mauerreste, die auf eine ehemals große Klosteranlage schließen lassen.

Seichte und windgeschützte Strände – ideal für Kinder!

Für den weiteren Wegverlauf ist eine gute Orientierungsfähigkeit notwendig, die Hügel hier sehen fast alle gleich aus. Von der Kirche aus auf gleicher Höhe den Hang entlang zurück zum Bachbett, und aufwärts, bis es nach etwa 100 m an einem großen Johannisbrotbaum endet. Von hier immer den rötlichen Wegspuren folgend, dem Talverlauf entlang, auf einen hohen Sattel zu. Nochmals an einer großen Zisterne mit mehreren Trinktrögen vorbei, *Steinmännchen* sind vereinzelt anzutreffen, und nach 30 Minuten ab der Kirche stehen wir auf dem **Sattel**, 300 m, mit freiem Blick nach Nordosten zum Meer. Für den Weiterweg steigen wir in das unter uns befindliche Tal ab und gehen dann wieder der rötlichen Erde nach, dem flachen Talverlauf folgend Richtung Osten. Dieses Hochtal weitet sich zu einer Ebene, die wir in

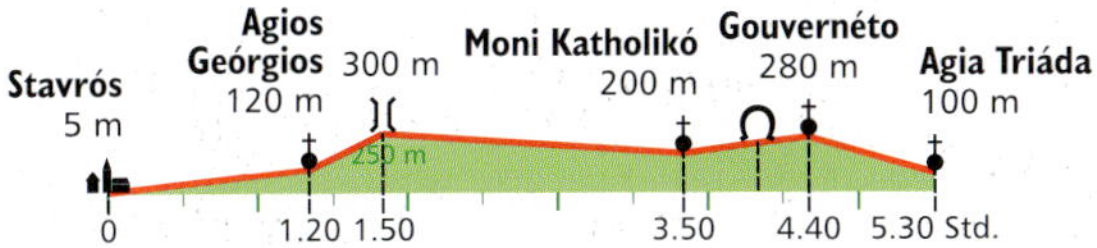

Stavrós, beliebter Badeort nahe bei Haniá.

Längsrichtung (Osten) durchlaufen – an ihrem Ende beginnt ein kleines, abwärts ziehendes Tal (bis hierher ab dem Sattel 50 Min.). Anfangs ist der Talgrund dicht bewachsen. Unter größeren Bäumen wandern wir in das jetzt tiefer eingeschnittene Tal hinein. Es wird enger, immer häufiger prägen Felsformationen an beiden Seiten die Landschaft – das Tal ist mittlerweile in eine Schlucht mit mäßigem Gefälle übergegangen. Meist kann man im Kiesbett laufen, nur an wenigen Stellen müssen wir über Felsstufen absteigen. An einer Verzweigung der Schlucht gehen wir links und erreichen nach weiteren 50 Minuten ab der Hochebene, unvermittelt nach einer Biegung, den kleinen Felskessel, in dem die Klosteranlage **Katholikó** auf dem mächtigen Bogen erbaut wurde. Von hier aus, über den Bogen, dem Weg folgend, hinauf zu den Klöstern **Gouvernéto** und **Agia Triáda** (siehe Tour 1).

5.00 Std.

Von Rodopós nach Agios Ioánnis Giónis

3

Karge Halbinsel mit einsamer Wallfahrtskirche und schönem Küstenweg

Am 29. August jeden Jahres pilgern tausende Gläubige zur abgelegenen Wallfahrtsstätte Agios Ioánnis Giónis – dann beginnt ein über mehrere Tage dauerndes Fest mit Gottesdiensten, in dessen Rahmen der Metropolit von Kíssamos eine Massentaufe an Kindern und Neugeborenen vornimmt. Anschließend wird diese von einer kargen Landschaft umgebene Oase wieder von der Einsamkeit umhüllt.

Ausgangspunkt: Dorfplatz von Rodopós, 300 m, ca. 7,2 km von Kolimbári. Bus zweimal täglich von Haniá nach Rodopós.
Höhenunterschied: 400 m.
Anforderungen: Ausdauer erfordernde, aber unschwierige Wanderung. Gutes Schuhwerk. Wasser.
Einkehr/Unterkunft: Restaurants und Hotels in Kolimbári, Kafenia in Rodopós.
Hinweis: Die Wanderung verläuft teilweise auf einer befahrbaren Schotterstraße.

Ausgangspunkt unserer Wanderung ist der Dorfplatz von **Rodopós**. An einer Büste nehmen wir die Straße, die an einer weißblauen Kirche vorbei den Ort verlässt. Nach gut 1 km können wir bei einer Linkskurve eine Abkürzung nehmen. Dann geht es langsam ansteigend auf der Schotterstraße weiter. Nach einer Dreiviertelstunde passieren wir zwei Betonpfeiler (der rechte ist

Die Klosteranlage von Agios Ioánnis Giónis.

Die Westküste der Halbinsel Rodopoú.

umgekippt). Knapp 1½ Stunden nach Beginn unserer Wanderung ein **Wegschild bei einer Zisterne** mit zwei Klappen: Pros Agios Ioánnis. Es betrifft den Fahrweg für Autos. Wir gehen den breiten Schotterweg links an der Zisterne vorbei und stehen 10 Minuten später auf einem Pass. Beim Abstieg kommen wir bald an einem **hellblauen Wegschrein** vorbei. Von hier haben wir einen herrlichen Blick hinab zum viereckig eingerahmten Kirchlein und hinüber bis zur Halbinsel Gramvoússa mit den vorgelagerten Inseln. Kurios ist auch der Modellkirchen-Schrein am Weg. Nach gut 2 Stunden erreichen wir die kleine Kirchenanlage (**Agios Ioánnis** und **Agios Nikólaos**, 275 m). Ein runder Taufstein und lange Reihen Steintische unter schattigen Bäumen fallen ins Auge. Ein angenehmer Platz für eine Rast.

Der Weiterweg beginnt am Tor der Kirche auf dem nach Süden verlaufenden Pfad (schwach *orange markiert*). Immer geradeaus, vorbei an einem brüchigen Drahtzaun und weiter zu einem Schafspferch. In der Ferne sehen wir bald die Stadt Kastélli. Eine Schlucht, die hinab zum Meer verläuft, wird oberhalb gequert. Unten können wir die Kapelle **Agios Pávlos** sehen. Es geht eine Weile leicht bergab, bis der Weg wieder ansteigt und von der Küste weg nach links schwenkt. Dann auf einer Schotterstraße weiter, bei einer Gabe-

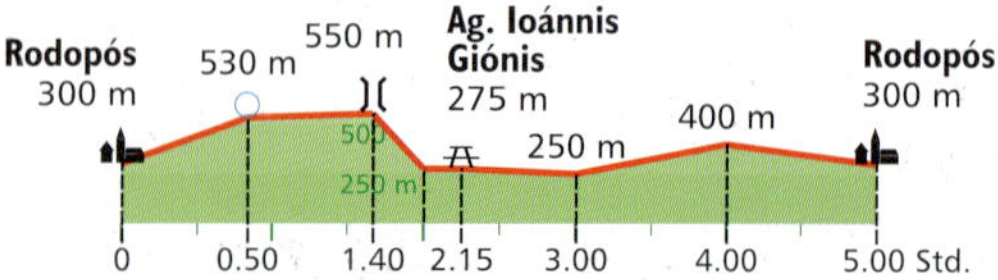

lung links, dann immer geradeaus, bis **Rodopós** zu sehen ist. Rechts auf einen Abkürzungspfad achten (an einem Sportplatz vorbei), er mündet wieder in den Fahrweg, der uns in den Ort bringt.

4 Zum Diktyna-Heiligtum auf der Halbinsel Rodopoú

6.30 Std.

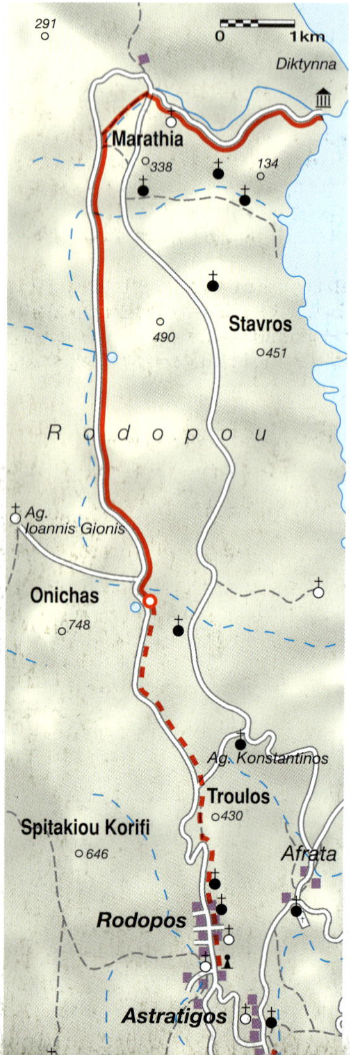

Felsenbucht und antike Säulenstümpfe auf einer kargen Halbinsel

Lohnendes Ziel ist die schöne Bucht, über deren Südrand auf einer Terrasse noch steinerne Reste des ehemaligen Diktynaions zu sehen sind. Hier soll es gewesen sein, wo sich die liebesscheue Nymphe Diktyna ins Meer gestürzt hat, um den Nachstellungen des lüsternen Minos zu entkommen. Die Netze der Fischer brachten ihr die Rettung und den Namen (Dichti = Netz).

Ausgangspunkt: Am besten mit eigenem Fahrzeug auf der Straße, die von Rodopós (7,2 km nach Kolimbári) die Halbinsel einwärts führt, bis zu den Zisternen / Wegschild, siehe Tour 3 (6,3 km) oder weiter.
Höhenunterschied: 800 m.
Anforderungen: Einfacher, doch langwieriger und schattenloser Weg. Ausdauer erforderlich.
Einkehr/Unterkunft: Restaurants und Hotels in Kolimbári, Kafenia in Rodopós.
Hinweis: Die Wanderung verläuft auf einer kaum befahrenen Schotterstraße. Es empfiehlt sich, den ersten Teil der Strecke mit einem Mietwagen zurückzulegen – als Fußweg wäre die Gesamtstrecke hin und zurück unverhältnismäßig lang.

Die ersten 6,3 km sind mit dem Wegverlauf der Tour 3 identisch. Diese Strecke ist in gutem Zustand und auch befahrbar.
Wir beginnen die Wanderung also bei den **Zisternen mit Wegschild**: Pros Agios Ioánnis. Nach 600 m kommt ein weiteres Hinweisschild

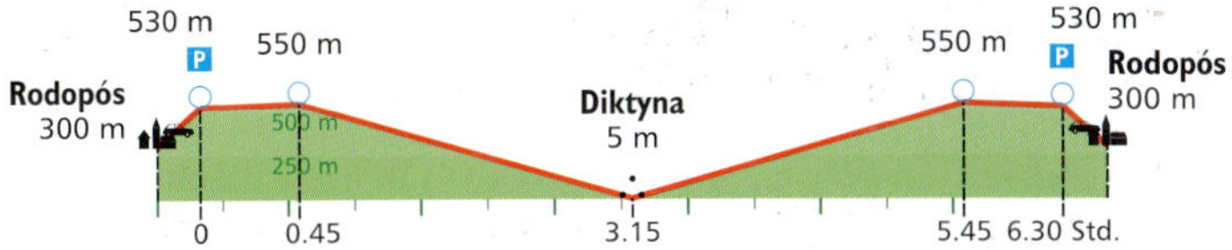

nach links. Zum Diktynaion geht es jedoch geradeaus weiter. Wir folgen immer dem Hauptweg. Nach einer ¾ Stunde kommen wir abermals an einer Zisterne vorbei. Dann geht es immer abwärts. Nach einigen aufgelassenen Steinbrüchen macht die Straße einen weiten Rechtsbogen. Dieser kann durch einen Abkürzungspfad geschnitten werden. Nach 2 Stunden kommen wir an einer Schäferei vorbei. Nun fast in Gegenrichtung abwärts. Zuletzt zieht der Weg nach Osten in einer Schlucht hinab zur Meeresbucht – der schönste Abschnitt der Wanderung.
Rechts oberhalb der Ménies genannten Bucht befinden sich noch Steinreste des ehemaligen **Diktyna-Tempels**. Die Mauerreste über der anderen Seite der Bucht sind wahrscheinlich türkischer Herkunft. Beim Rückweg kürzen wir die Straße durch einen steil nach oben strebenden Maultierweg (15 Minuten) ab.

Die Bucht, wo einst der Tempel der liebesscheuen Nymphe Diktyna stand.

5 »Tigáni Bálos«, die Piratenbucht

1.10 Std.

Kurze Wanderung zum Lagunenstrand Bálos

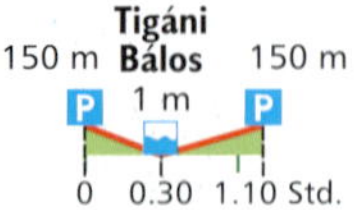

Diese Wanderung führt uns in die Nordwest-Ecke Kretas, zur Piratenbucht »Tigáni Bálos«. Die Schotterstraße, auf der wir mit dem Auto unseren Ausgangspunkt erreichen, verläuft an der Ostseite der Halbinsel, vorbei an einem gestrandeten Frachtschiff, immer mit einem herrlichen Blick auf den Golf von Kastélli und die gegenüberliegende Halbinsel Rodopoú. Nach 5,5 km kommt man an der Kapelle Agia Iríni mit einer kräftig sprudelnden Quelle vorbei.

Vom flachen Höhenrücken (180 m) am Ende der Straße ergibt sich ein überwältigender Blick auf die Westseite von Gramvoússa: unter uns die Bucht Tigáni Bálos, was so viel wie »Bratpfanne« heißt und sich wohl auf die Form dieser seichten Lagune bezieht. Die Ruinen eines venezianischen Kastells auf der vorgelagerten Insel Gramvóussa markieren die Nordwestecke Kretas.

Die Lagune von Tigáni Bálos: türkisblaues Wasser und feiner Korallensand.

Ausgangspunkt: Parkplatz (150 m) am Ende der 8,6 km langen Schotterpiste (von Kalivianí kommend, 7 km von Kastélli, Hauptstadt des Bezirkes Kíssamos). Busverbindung Kastélli – Plátanos dreimal täglich, Busstopp 1 km vor Kalivianí an einer Straßenkreuzung.
Höhenunterschied: 180 m.
Anforderungen: Leichte Wanderung.
Einkehr/Unterkunft: In Kalivianí Taverne und zwei Hotels, in Kastélli Hotels, Tavernen und Kafenía.
Hinweis: Im Sommer gibt es täglich mehrstündige Ausflugsfahrten nach Tigáni Bálos und auf die Festungsinsel von Haniá und Tráhilos (westlich von Kastélli).

In etwa 30 Minuten steigen wir den flachen Hang hinab zur Bucht. Zur Linken, immer im Blick, der mächtig wirkende Berg Mávros Póros (762 m).

Diese seichte Lagune mit ihren weißen Dünen und feinstem Muschel- und Korallensand ist ohne jeden Zweifel eine der schönsten Buchten Kretas. Ihr unendlich breites Spektrum an blauen Farben ist auf die unterschiedliche Tiefe des Wassers und die beiden vorgelagerten Inseln zurückzuführen. Aber leider ist besonders hier die Verschmutzung durch Teerrückstände und Müll (vermutlich durch die vielen Bootsfahrten im Sommer) so gravierend.

Am Strand stehen zwei Hütten, die im Sommer regelmäßig als Kiosk und Bar fungieren.

Wer genügend Zeit hat, kann von hier auch noch durch das Wasser (meist spitzes Lavagestein) zum Kap Tigáni waten, auf dessen höchstem Punkt eine **Kapelle** errichtet wurde.

6 Die Ruinen der Hafenstadt Falássarna

5.00 Std.

Von Kalivianí über Azogirás zum weißen Strand Falássarnas

Am Nordende der weiten Bucht liegt die antike Hafenstadt Phalasarna, die unter den Dorern im 5. und 4. Jh. v. Chr. als Hafenstadt von Polirinía ihren Höhepunkt hatte. Zerstört wurde sie vermutlich durch das große Erdbeben im 5. Jh. n. Chr.

Ausgangspunkt: Kalivianí (20 m), 7 km von Kastélli, 1 km von der Verbindungsstraße Kastélli – Plátanos entfernt. Bus Kastélli – Falássarna 10.00, 17.00 Uhr; Kastélli – Plátanos dreimal täglich. Im Sommer Bootsverbindung von Tráhilos (westlich von Kastélli) nach Falássarna.
Höhenunterschied: 410 m.

Anforderungen: Leichte Wanderung über einen Höhenrücken, meist auf Feldwegen. Im Sommer sehr heiß.
Einkehr/Unterkunft: Falássarna, Pensionen und Tavernen.
Tipp: Antike Hafenstadt in Falássarna, erste dorische Niederlassung in Kreta in Polirinía.

Vermutlich ein alter Steinbruch in der Nähe des antiken Phalasarna.

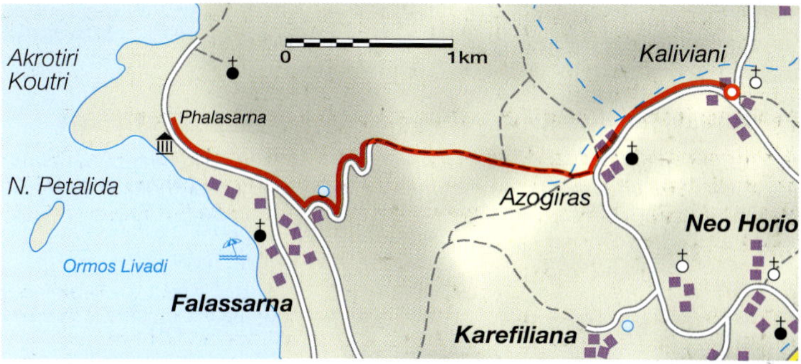

Wir verlassen das Dorf **Kalivianí** Richtung Nordwest auf einem breiten Feldweg, der jedoch bald als Pfad weiterführt. Erst leicht bergauf, dann ein Stück auf dem nun breiten Weg nach rechts und an der Gabelung wieder links bergab. An der nun erreichten Schotterstraße biegen wir rechts ab und gelangen auf dieser zu den Häusern von **Azogirás**.
Im Dorf verzweigen sich die Straßen, wir halten uns links, gehen an den einzelnen Häusern vorbei (an der letzten Ruine weist ein roter Pfeil nach links – nicht beachten), weiter auf der immer schlechter werdenden Straße. Es geht durch ein Gatter, anschließend links, nach einem weiteren Gatter biegen wir sofort rechts ab, und halten uns vor der Olivenplantage nach oben. Ab hier ist der Weg zum **Pass** wieder gut markiert. Ein grandioser Blick eröffnet sich vom Bergrücken (200 m) aus auf die Ebene unter uns – in der Sonne glitzern Gewächshäuser und das Meer. Eine knappe Stunde dauert der Abstieg über die kurvenreiche Schotterstraße (200 Höhenmeter), dann sind die Tavernen an der Küste erreicht. Unterhalb der an der Böschung stehenden Taverne entspringt aus einem Felsen eine ergiebige Quelle, die zur Versorgung des neuen Dorfes Falássarna genutzt wird und auch Anlaufpunkt für die vielen Camper ist, die hier den Strand bevölkern. Auf einer Schotterstraße geht es nun in einer halben Stunde, vorbei an vielen Gewächshäusern und durch Olivenplantagen, zum antiken **Phalasarna**. Viele Überreste, so ein großer steinerner Thron, Felsenkammern, Felsengräber und im eigentlichen antiken Stadtgebiet, das sich auf den Hügel weiter nördlich konzentriert, die Reste einer Umfassungsmauer und der alten Akropolis sind noch gut zu finden. Für den Rückweg sind gut 3 Stunden einzuplanen, der weitläufige Strand lädt aber durchaus zu einem längeren Aufenthalt ein.

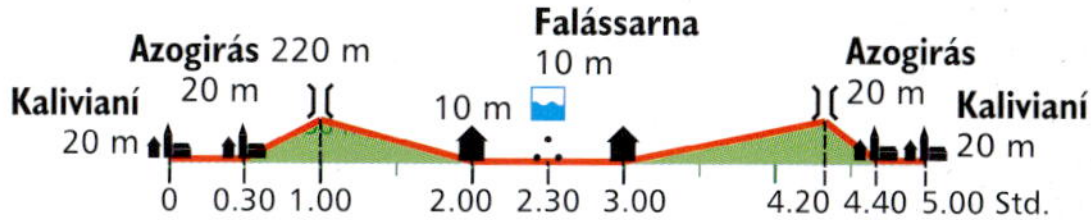

7 Von Falássarna nach Gramvoússa

6.00 Std.

Ein schwieriger und mühsamer Weg an der wilden Nordwest-Küste

Die Halbinsel Gramvoússa ist an ihrer wilden Westküste kaum zugänglich. In ständigem Auf und Ab führt ein schmaler Steig vom antiken Phalasarna zur Piratenbucht.

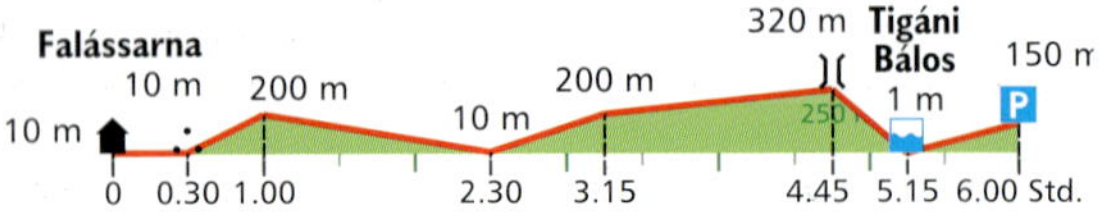

Ausgangspunkt: Falássarna, im äußersten Nordwesten der Insel. Die letzten Tavernen liegen oberhalb des lang gezogenen, schönen Sandstrandes von Falássarna, hier endet die 5 km lange geteerte, von Plátanos kommende Straße. Busverbindung Kastélli – Falássarna 10.00, 17.00 Uhr; Kastélli – Plátanos dreimal täglich. Im Sommer Bootsverbindung von Tráhilos (westl. von Kastélli) nach Falássarno.
Höhenunterschied: Aufstieg 650 m, Abstieg 510 m.
Anforderungen: Schwierige Küstenwanderung, die hohe Anforderungen an Trittsicherheit, Kondition und Orientierungsfähigkeit stellt. Kaum Schatten und unterwegs kein Trinkwasser; für den Rückweg nach Kalivianí sind 3 Std. einzukalkulieren. Gutes Schuhwerk erforderlich!
Einkehr/Unterkunft: In Falássarna Tavernen und Pensionen, in Kalivianí zwei Hotels, in Kastélli Hotels, Pensionen und Campingplatz.
Tipp: Reste der antiken Hafenstadt Phalasarna direkt am Meer, Siedlungsreste auch auf dem steilen Hügel nördlich der antiken Stadt.

Unterwegs an der Nordwest-Küste nach Gramvoússa.

Von den letzten Tavernen in **Falássarna** (unterhalb der an der Böschung stehenden Taverne eine ergiebige Quelle) führt eine Schotterstraße, vorbei an Gewächshäusern und durch Plantagen, zur 1 km entfernten antiken Stadt. Grundmauern, Gebäudereste, ein alter Thron und Sarkophag sind die letzten steinernen Zeugnisse dieser einst großen Hafenstadt.
Die Straße endet an einem Weidezaun; nach dem Gatter führt ein schmaler Fußweg auf den nördlich gelegenen Hügel hinauf und erreicht nach einer guten halben

Stunde eine etwa 200 m hoch gelegene **Geländeterrasse**, die links steil zum Meer hin abbricht. Ein schmaler, aber meist gut sichtbarer Weg (*Steinmännchen* als Markierung) zieht sich nun, in einer Höhe von 150 bis 200 m, durch das fast ebene Gelände nach Norden. Ein tiefer Graben, etwa 250 m breit, wird mittels eines kurzen Abstieges durchquert; der Weg führt an der gegenüberliegenden Seite nahe an den **gelblichen Felsen** wieder nach oben.

Der schmale Weg endet an einem kleinen, direkt unter die Felsen gebauten Ziegenstall, den wir durchqueren müssen, um oberhalb der Felsen auf die andere Seite des Grabens zu gelangen. Für einen eventuellen Rückweg sollte man sich diese Ausstiegsstelle sehr gut einprägen. Weiter in leicht fallendem Gelände, mit freiem Blick nach Westen übers Meer und hinab zur steilen Küste, führt uns der schmale Weg hinunter und zwischen Felsblöcken hindurch bis zu einer kleinen **felsigen Bucht** (bis hierher 2½ Std.). Bis hierher wird dieser Weg wohl überwiegend von Hirten benützt. Vor uns wird nun ein wilder, nicht begehbarer Küstenstreifen sichtbar; vom fast 800 m hohen **Geróskinos** ziehen steile Fels- und Geröllflanken nach Westen, die im unteren Teil steil ins Meer abfallen, immer wieder von Gräben und Felsbändern durchzogen. Am Meer entlang gibt es kein Durchkommen. Aus unserer Bucht aber zieht sich ein steiler Graben hinauf bis zum Beginn der Felswände – rechts von ihm gelangen wir über den steilen Hang in einer Dreiviertelstunde auf kleinen Ziegenpfaden hinauf bis direkt unter die **Felswand**. Hier führt ein deutlicher Fußweg in einer Höhe von etwa 200 m meist knapp unterhalb der Wände nach Norden. Es geht zum Teil über Felsblöcke und durch dichtes Gestrüpp – die Felsrippen, die von oben herabziehen, müssen unterhalb umgangen werden, aber

immer wieder führt der Weg nahe den **Felswänden** entlang. Geröllfelder werden gequert, und es braucht schon ein gutes Gespür für das Gelände, um den Weg nicht zu verlieren – nur vereinzelt zeigen *Steinmännchen* den richtigen Weg an. Nach fast 1½ Stunden Querung führt ein steiles Geröllfeld hinauf in eine enge **Felsscharte** (320 m), in ihr steht ein großes *Steinmännchen*. Durch sie hindurch und über eine breite Felsenrinne an ihrem oberen Rand hinab. Immer auf der rechten Seite, dicht an den Felsen, führt der Weg schräg nach unten, quert eine steil abbrechende Rinne an ihrem oberen Rand und gelangt auf einen freien Hang. Vor uns sehen wir die Lagune von **Gramvoússa**.
Die steilen Geröllfelder, das ständige vorsichtige Gehen im schwierigen Gelände, das Suchen nach dem richtigen Weg, das alles ist jetzt vorbei. Über Sanddünen und durch Gestrüpp geht es jetzt hinab zum weißen Korallensand, hellblau- bis türkisfarbenes Wasser erwartet uns – welch ein Gegensatz. Allerdings wird dieses schöne Bild durch den vielen Müll und die häufigen Teerklumpen am Strand getrübt. Im Sommer, wenn Badetouristen anzutreffen sind, haben einige kleine Bars und Kioske geöffnet und bieten Getränke an. Rückweg wie Tour 5 zum Parkplatz, von dort mit PKW zurück.

Das Gelände der antiken Hafenstadt Phalasarna.

3.15 Std.

Von Sirikári nach Polirinía

8

Durch die Tsikhlianá-Schlucht zur dorischen Bergfestung

Trotz des mit öffentlichen Verkehrsmitteln etwas schwer erreichbaren Ausgangspunktes ist dies eine der lohnendsten Wanderungen im Westen Kretas. Sie kombiniert die Eindrücke einer imposanten Schluchtbegehung mit einem klassisch schönen Panoramablick vom Hügel der dorischen Bergstadt Polyrinía.

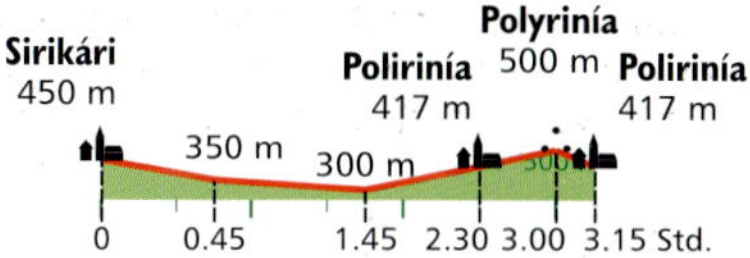

Ausgangspunkt: Sirikári, 450 m, 19 km südlich von Kastélli. Busverbindung: Kastélli – Sirikári zweimal wöchentlich.
Endpunkt: Polirinía, 417 m, Busverbindung Polirinía – Kastélli zweimal täglich.
Höhenunterschied: Abstieg 240 m, Aufstieg 200 m.
Anforderungen: Leichte Bergwanderung, bestens markiert und präpariert.
Einkehr/Unterkunft: Restaurants und Hotels in Kastélli. Taverne in Polirinía, Kafenion in Sirikári.
Tipp: Am Anfang und Ende der Schlucht gibt es große Übersichtspläne mit Fotos vom Wanderweg. Nach ca. 1 Std. trifft man auf zwei schöne Rastplätze, der erste am Talgrund, der zweite ca. 3 min. später.

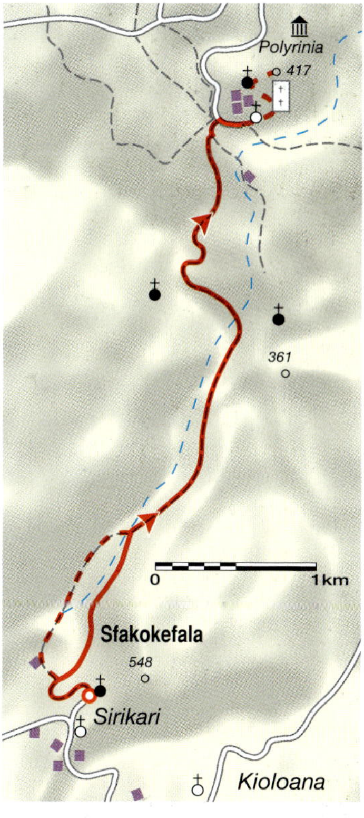

Der Weg beginnt in dem kleinen Bergdorf **Sirikári**. Vom Ortsende gehen wir zu der 10 Minuten entfernten Kirche. Gegenüber dem Kirchentor beginnt unser Weg hinab in den Schluchtgrund. Wir durchschreiten einen Zaun und steigen auf einem gut erkennbaren Weg über Terrassen abwärts. Nochmals durch einen Zaun, überquert der Pfad einen breiteren Weg und ga-

Blick aus einer Höhle am Weg die Tsikhlianá-Schlucht aufwärts.

belt sich dann. Hier rechts, einem alten, gepflasterten Weg folgend, auf gleicher Höhe den Hang entlang, zu einem verlassenen Dorf (4 bis 5 Häuser). **Alternative:** Hier links in Richtung der gegenüberliegenden Gebäude. Abermals durch einen Zaun, bringt uns der Weg hinab zum Bach. Auf der anderen Seite steigen wir hoch zu einzelnen Häusern. Am untersten Haus rechts vorbei und parallel zum Bachbett abwärts in die Schlucht. Nachdem wir ein Gatter durchschritten haben, bekommen wir einen ersten Eindruck von der grandiosen Kulisse der **Tsikhlianá-Schlucht**. Bei einem zerfallenen Steg wechseln wir auf die andere Seite des Baches.
Der bequeme Weg beginnt nach 1½ Stunden leicht anzusteigen und erreicht bei einer kopfsteingepflasterten **Bogenbrücke** wieder das Bachbett. Wir überqueren die Brücke und können in der Ferne schon die Häuser von **Polirinía** sehen. Durch einen Zaun, an einem Brunnenrohr vorbei, erreichen wir einen Fahrweg, der uns hinauf ins Dorf bringt. Bei der Brunnenanlage am Ortsanfang finden wir auch gleich eine Taverne mit einer schönen Terrasse. Eine Rast tut gut, vor dem Aufstieg auf den Hügel über dem Dorf. Wir gehen von der Taverne ins Dorf bis zu einem kleinen Kafeníon. An diesem steigen wir links die steilen Treppen hoch bis zum Friedhof. Hier beginnt ein Weg, der sich rechts um den Berg hochschraubt. An altem Gemäuer vorbei, können wir nach ½ Stunde den göttlichen Rundumblick vom Gipfel genießen. Wieder hinunter ins Dorf auf demselben Weg.

Blick auf Kastélli und den Golf von Kíssamos.

9 *Rund um die Topóliá-Schlucht*

3.30 Std.

Im Bergland hinter Kastélli

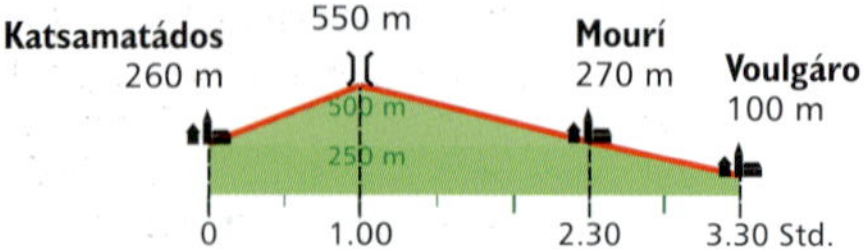

Der eigentliche Ausgangspunkt unserer Wanderung ist Katsamatádos. Besonders beeindruckend ist aber schon die Fahrt durch die Topóliá-Schlucht, und wer die atemberaubende Schlucht näher erleben möchte, dem empfiehlt es sich, bereits in Topóliá den Bus zu verlassen und zu Fuß auf der Straße durch die Schlucht zu laufen (½ Std.). 1,9 km nach Topóliá und 400 m vor dem Ortsschild von Katsamatádos führt ein Steig hoch zur Agia-Sophía-Höhle (10 Min.), die man auf keinen Fall übersehen sollte. In die Tropfsteinhöhle ist ein Kirchlein hineingebaut, und von ihr hat man einen schönen Ausblick auf die Schlucht.

Ausgangspunkt: Katsamatádos, 260 m, ca. 16 km von Kastélli. Bus Kastélli – Topóliá zweimal täglich.
Endpunkt: Voulgáro, 100 m. Bus s. oben.
Höhenunterschied: Aufstieg 290 m, Abstieg 450 m.

Anforderungen: Größtenteils unschwierig. Mäßig schwieriger Weg mit kurzer Kletterei in einer Schlucht (½ Std.).
Einkehr/Unterkunft: Restaurants / Hotels in Kastélli, Tavernen in Katsamatádos und Voulgáro, Kafeníon in Mourí.

Kurz vor Katsamatádos führt ein Steig hoch zur Agia-Sophía-Höhle.

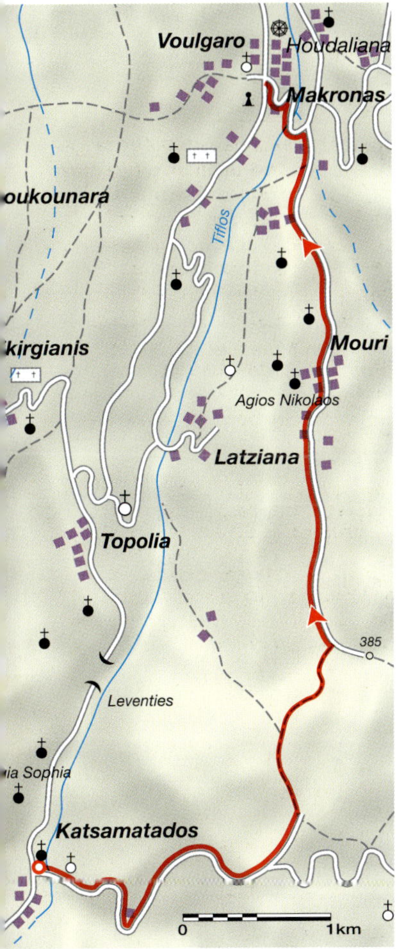

300 Meter hinter dem südlichen Ortsschild von **Katsamatádos** führt ein Betonweg über eine Brücke in den Ort. Am Kafeníon vorbei gehen wir geradeaus in das Seitental hinein, der Bachlauf bleibt links. Ein Viehgatter wird durchquert, es geht weiter hoch. Der Fahrweg schwenkt nach 25 Minuten schließlich nach links, an einer Steinhütte und Holztrögen vorbei, durch einen Zaun. Die Schotterstraße aufwärts wandern; im Rückblick können wir die Häuser von Katsamatádos sehen.

Nach einer Stunde durchschreiten wir oben auf dem **Pass** ein Gatter. Wir biegen nun links auf den wenige Meter weiter unten befindlichen Fahrweg ein (rechts geht es in den Ort Sásalos). Nach acht Minuten mündet der Weg nördlich in einen Taleinschnitt, links sind Weinberge. Wenige Minuten später übersteigen wir einen Drahtzaun und stehen dann direkt vor dem Kirchlein **Agios Athanásios**.

Wir folgen dem Pfad im Verlauf des stark eingeschnittenen Bachbetts oder gehen direkt in diesem, wenn der eingewachsene Pfad zu mühselig wird. Nach ca. 20 Minuten der **Schluchtbegehung** verläuft eine Rohrleitung an der linken Schluchtwand. Zeitweise müssen beim Abklettern die Hände benutzt werden. Nach einem Viehgatter ist es nicht mehr weit, bis wir auf einen Fahrweg treffen. Hier gehen wir nach links und folgen dem Weg nach Mourí. Nach gut 2¼ Stunden erreichen wir die Häuser von **Mourí**. Auf der sehr wenig befahrenen Asphaltstraße verlassen wir den Ort in Richtung **Voulgáro**, in das wir nach einer weiteren knappen Stunde gelangen.

10 Von Katohóri nach Stílos

3.10 Std.

Die Díktamos-Schlucht, eine angenehme Tour für heiße Tage

Diese ganzjährig mögliche Schluchtwanderung, die im Frühjahr üppige Blütenpracht bietet und im Herbst fast einem Alpental ähnelt, ist vor allem im Sommer eine ideale Ergänzung zum Strand. Schöne Badestrände findet man im nahe gelegenen Kalives.

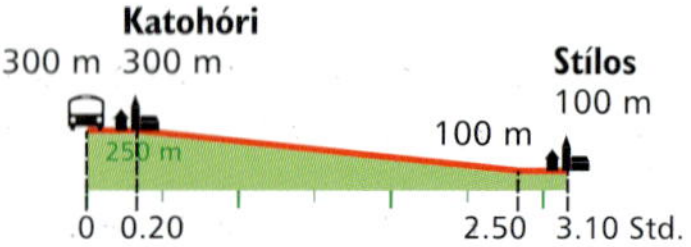

Ausgangspunkt: Katohóri, 300 m. Das Dorf liegt ein kleines Stück unterhalb der Verbindungsstraße von Kondopoúla nach Kámbi in einem fruchtbaren Talboden an den nördlichen Ausläufern der Weißen Berge, 20 km von Haniá entfernt. Busverbindung: Haniá – Kámbi 6.00 Uhr.
Endpunkt: Stílos (100 m). Stílos – Haniá 11.15 Uhr, 16.20 Uhr, 17.30 Uhr, an Wochenenden 11.15 Uhr, 16.20 Uhr, 18.30 Uhr. Vom Winter- zum Sommerfahrplan ändern sich die Fahrzeiten (nicht im Fahrplan enthalten).
Höhenunterschied: 200 m Abstieg.
Anforderungen: Leichte Schluchtwanderung, allerdings ohne Weganlage; gutes Schuhwerk ist notwendig, teils nasse Passagen, aber überwiegend schattig. Nach starken Regenfällen ist die Tour nicht möglich.
Einkehr/Unterkunft: Kafenía und Tavernen in Stílos und Néo Horió, Hotels und Campingplätze in Haniá.
Tipp: Hoch über der Soúda-Bucht befindet sich die antike Stadt Aptera; außerdem kurz vor Stílos eine byzantinische Kirche sowie Reste einer minoischen Stadtanlage.

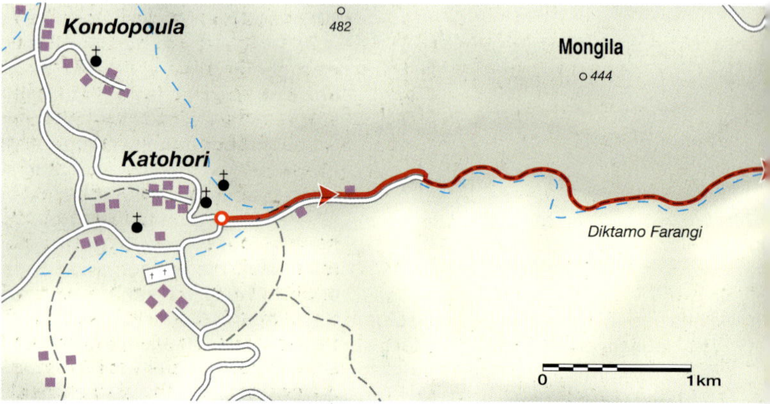

Es empfiehlt sich, den frühen Morgenbus von Haniá aus zu benutzen. Von Maláxa kommend, hält der Bus vor einer kleinen Brücke; nun zu Fuß weiter ein Stück geradeaus (Schild: *Haniá 21 km*), bis an einer scharfen Kurve links eine Betonstraße, vorbei an einer kleinen Kapelle, zum Dorf **Katohóri** führt. Das Kafeníon am Dorfplatz, der von hohen Platanen beschattet wird, scheint meist geschlossen zu sein. Rechts am Kafeníon vorbei geht es Richtung Norden, auf einen auffallenden Felsvorsprung zu; einem Fußweg folgend wandern wir an Gärten und Orangenhainen vorbei, leicht talabwärts auf die schon sichtbare Schlucht zu. Das Gelände ist hier noch sehr weitläufig, einzelne Baumgruppen lassen den Blick frei Richtung Südost auf die ersten Gipfel der Weißen Berge. Anfangs begleitet uns ein Wasser führender Bach, der hin und wieder überquert werden muss – tiefere Wasserstellen umgehen wir (immer wieder *blaue Pfeile*). In der Schlucht selbst versiegt der Bach, ausgewaschene Felsgebilde und polierte Wurzelstöcke weisen aber darauf hin, dass wohl vor allem im Frühjahr und nach längeren Regenfällen einiges Wasser hier durchfließt. Nach etwa einer Stunde weitet sich die Schlucht für kurze Zeit zu einem größeren Kessel, und wir sehen mehr von der fantastischen Landschaft. Fast immer im Schatten der großen Platanen, wandern wir fast 3 Stunden, bis sich die **Schlucht** endgültig **verbreitert** und flaches Gelände vor uns liegt. Der *roten Markierung* folgend, geht es rechts aus dem Bachbett hinauf auf den parallel verlaufenden Fahrweg. Nur wenige Minuten und wir überqueren wieder das Bachbett an einer Weggabelung und stoßen links oberhalb des Bachbettes auf einige Häuser. An ihnen vorbei rechts ab auf einen betonierten Fahrweg und nach weiteren 10 Minuten auf die Verbindungsstraße nach **Stílos**, das wir nach 10 Minuten erreichen.

In Stílos fließt reichlich Wasser; die ergiebigen Quellen werden für kleine Getränkebetriebe genutzt, und die riesigen Platanen mit ihrem angenehmen Schatten sind ebenfalls

In der Díktamos-Schlucht.

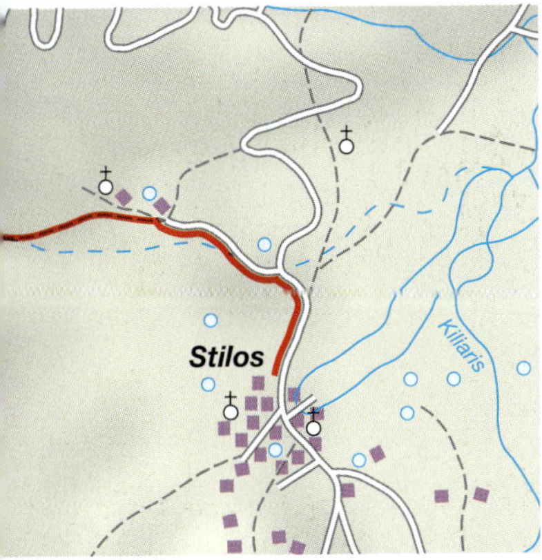

Nutznießer dieses Wasserreichtums. Direkt am Platz bietet sich eine Taverne für eine gemütliche Pause bis zur nächsten Busabfahrt an. Vom nur 20 Minuten entfernten Dorf Néo Horió fahren ebenfalls Busse zurück nach Haniá.

Bei Anfahrt mit eigenem Fahrzeug empfiehlt es sich, die Wanderung von Stílos aus durchzuführen. Kurz vor Stílos das Fahrzeug an der **alten** Brücke abstellen und in der Schlucht beliebig weit nach oben aufsteigen. Bei gleichem Rückweg ergibt sich eine maximale Wanderzeit von 6 Stunden.

Beeindruckende Felsformationen in der Díktamos-Schlucht.

4.45 Std.

Von Georgioúpolis nach Likotinereá

11

Zu den Dörfern in Apokóronou am Beginn der Halbinsel Drápanos

Georgioúpolis ist ein bedeutender Badeort am längsten Strand der Nordküste Kretas. Das immer noch ländlich wirkende Dorf verfügt über zahlreiche Bars, Boutiquen und eine ständig steigende Zahl von Pensionen und kleinen Hotels. Der Dorfplatz mit den hohen Eukalyptusbäumen übt eine große Anziehungskraft auf die Touristen aus. Wer diesem oft hektischen Treiben für einen Tag entfliehen möchte, sollte die nahe gelegenen Dörfer im Kreis Apokóronou aufsuchen und die Ruhe dieser wenig spektakulären, aber reizvollen Landschaft genießen.

Die Agios Georgios Kapelle in Argyromoúri.

Ausgangspunkt: Georgioúpolis, Badeort an der Nordküste zwischen Haniá und Réthimnon gelegen. Busverbindung: Georgioúpolis ist über die Schnellstraße an die Hauptbuslinie Haniá – Réthimnon mit stündlichen Fahrten angebunden.
Höhenunterschied: 300 m.
Anforderungen: Leichte Wanderung, mehr als die Hälfte der Strecke führt über Teer- und Schotterstraßen.
Einkehr/Unterkunft: Großes Zimmerangebot aller Kategorien in Georgioúpolis, Zimmer in Exópolis, Tavernen und Kafenía in allen Dörfern.

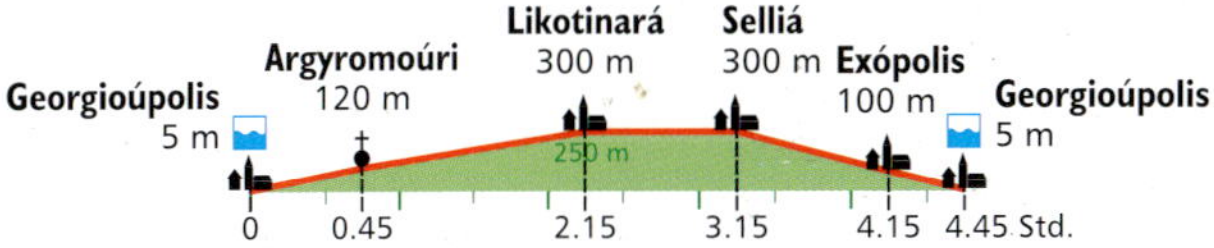

Wir verlassen **Georgioúpolis** Richtung Norden, am Hafen vorbei, über die Brücke des Flusses Almirós, dessen klares und kaltes Wasser in mehreren Armen ins Meer mündet. Die Straße führt anfangs durch üppige Gärten und Obstplantagen in Windungen hinauf ins 130 m hoch gelegene alte Dorf **Argiromoúri**, direkt neben dem Dorf Exópolis. Einige Serpentinen lassen sich durch einen Fußweg abkürzen, der an den Tavernen von Argiromóuri endet. In der ersten großen Linkskurve nach der Abzweigung zur Disko biegt rechts ein schmaler Feldweg ab, der 10 Minuten später wieder auf die Teerstraße stößt. Am Ende der Steigung an einer Straßenkreuzug liegt rechts die Taverne »Panorama«.

Direkt neben der Taverne weist ein Schild nach Likotinereá; durch die Gärten, dann den steileren Hügel hinauf. Den *blauen und roten Markierungen* folgend, steigt der Weg in einem weiten Bogen auf den 300 m hohen Hügel hinauf. Teils ist der Pfad gut zu finden, da man die Reste eines früher breiten Verbindungsweges (Pflaster und Stützmauern) sieht, teils ist er zugewachsen und versteckt. Mehrere Dörfer sind in der hügeligen Landschaft zu sehen, und bald weisen die ersten Gärten auf das nahe Dorf **Likotinereá** hin. Kurz vorher endet der Fußweg an einer neu ausgeschobenen Straße, die wir aber nach 300 m auf dem alten Weg wieder verlassen. Unter Olivenbäumen und an schönen Gärten vorbei, erreichen wir die Dorfstraße und folgen dieser bis zum Ende nach rechts, wo uns eine wunderbare **Aussichtsterrasse** zu einer Pause ein-

lädt. Nach 1½-stündiger Wanderung genießen wir den prachtvollen Ausblick hinab zur Küste und bis zum weit entfernten Häusermeer von Réthimnon.
Für den Rückweg wählen wir anfangs die Straße und folgen dieser durch das Dorf auf die Verbindungsstraße Kefalá – Sellía, wo auch die einzige Taverne des Dorfes liegt. Dann geht es links weiter Richtung Sellía (1,2 km). Nach 10 Minuten, gegenüber dem letzten einzelnen Haus (es ist von einer Mauer umgeben), führt ein alter, gut erhaltener Weg den Hang hinauf zum etwas ober-

Die wasserreiche Umgebung von Georgioúpolis.

Agaven mit ihren meterhohen Blütenständen unterhalb von Argiromoúri.

Frühjahrsstimmung zwischen den Ruinen von Argiromoúri. Im Hintergrund der Kástro.

halb liegenden Friedhof mit Kapelle (oder etwas später über eine kurze Betonpiste). Von hier aus hat man einen schönen Blick auf das Dorf Likotinereá.

Weiter, an der Kirche vorbei, gelangt man auf dem alten Weg nach 10 Minuten zu einem Aussichtsplatz mit schönem Blick über die Region. Von der Kirche geht es wenige Meter über die Betonzufahrt hinab auf die Verbindungsstraße und ins nahe Dorf **Sellía**.

Am Ortsende von Sellía, an der Straßengabelung, führt eine neue Teerstraße in vielen Windungen die 250 Höhenmeter hinab zur Straße Vanos – Exópolis. Nach der vierten Kehre (nach längerem geradem Stück), geht es in der engen Kurve links abwärts, dem hier noch erhaltenen alten Fußweg folgend und erneut auf die Verbindungsstraße Vámos – Exópolis. An der Abzweigung gehen wir nach Süden (rechts)und erreichen nach 1 km das Dorf **Exópolis**.

Wandert man am Dorfanfang rechts hinab auf die unten verlaufende Straße, so gelangt man am schnellsten zurück nach Georgioúpolis. Schöner aber ist es, links an der Kirche vorbei, durch das sich an der Hangkante entlangziehende Dorf, wieder zu den Tavernen von **Argiromoúri** hinabzugehen; von hier in einer halben Stunde zurück zum Ausgangspunkt.

Der kleine, geschützte Hafen von Georgioúpolis im Almirós-Fluss.

12 Von Argiroúpolis nach Agios Philosías und Agios Elías

2.40 Std.

Wanderung im wasserreichen Hinterland von Réthimnon

Argiroúpolis, auf den Ruinen der antiken Siedlung Lappa gebaut, ist heute ein ruhiger Ort mit einigen Herrenhäusern aus venezianischer Zeit, alten Wassermühlen und Resten alter Aquädukte.

Ausgangspunkt: Argiroúpolis, an der westlichen Grenze des Bezirks Réthimnon gelegen, 6 km südlich von Episkopí auf einem steilen Hügel, auf den Mauerresten der antiken Stadt Lappa erbaut. Busverbindung: Alte Straße von Réthimnon über Episkopí nach Georgioúpolis, zweimal täglich, Episkopí – Argiroúpolis – Asi Goniá einmal täglich.
Höhenunterschied: 100 m.
Anforderungen: Leichte Wanderung auf guten Wegen (meist schmale betonierte oder gekieste Nebenstraßen), mit viel Schatten und in einem sehr wasserreichen Gebiet.
Einkehr/Unterkunft: Zimmer und Tavernen in Argiroúpolis und Episkopí, an der gesamten Nordküste zwischen Rethimnon und Georgioúpolis viele Pensionen und Hotels.
Tipp: Sehenswert vor allem der untere Teil des Dorfes Argiroúpolis – erbaut auf den antiken Resten der alten Stadt Lappai in einer wasserreichen und dicht bewaldeten Region an den östlichen Ausläufern der Weißen Berge.

Der Kirchplatz oben im Dorf **Argiroúpolis** liegt auf einer Höhe von 300 m – hier beginnt unsere Wanderung, die ohne spektakuläre landschaftliche Besonderheiten in eine angenehm ruhige Gegend führt. Direkt hinter der Kirche bringt uns eine schmale Straße hinab ins untere Dorf. Durch enge Gassen, vorbei an Kirchen und alten Bürgerhäusern verschiedener Bauepochen, verlassen wir das Dorf in südlicher Richtung. Der betonierte Fahrweg zieht sich am dicht bewaldeten Hügel entlang, der Blick fällt weit hinab ins Tal und zu den gegenüberliegenden Bergen. Wenige Minuten nach dem Dorf halten wir uns an einer Straßenverzweigung links aufwärts und erreichen über diesen Fahrweg eine von links oberhalb (von der Verbindungsstraße Argiroúpolis – Miriokefala) kommende Schotterstraße, der wir nach rechts folgen. Sie führt zur 1 km entfernten **Kirche Philosías**. Kurz vor der Kirche geht es an einer

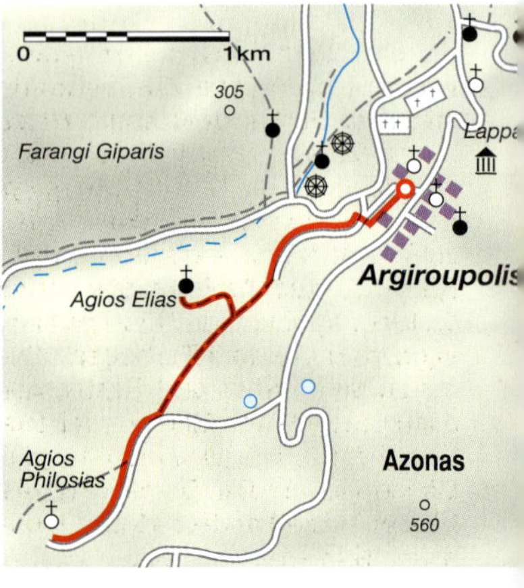

Der untere Teil von Argiroúpolis. Im Hintergrund das Kirchlein Agios Elías.

weiteren Verzweigung links aufwärts. Das Kirchlein liegt in einer grünen, wasserreichen Oase. Zurück wandern wir den gleichen Weg hinab bis in die Nähe des Dorfes, dann aber links auf dem ersten breiten Weg weiter zu dem auf einem kleinen Hügel gelegenen Friedhof mit der **Elías-Kirche**. 20 Min. sind es von der ersten Abzweigung bis zur Kirche. Sie liegt auf dem Hügel, der steil in das Tal nach unten abfällt, und gewährt uns einen schönen Blick zurück zum Dorf Argiroúpolis und in das tiefe Bergtal unterhalb. Für den Rückweg nach **Argiroúpolis** brauchen wir nochmals eine halbe Stunde. Es lohnt sich, vor der Rückfahrt noch den höchstgelegenen Ortsteil zu besuchen; durch den Torbogen, hinauf zu den Ruinen und Resten der alten Stadt – enge Gassen, schöne Innenhöfe, ein Blick hinab auf die Dächer des unteren Dorfes und weit hinaus in die Landschaft der kretischen Nordküste.

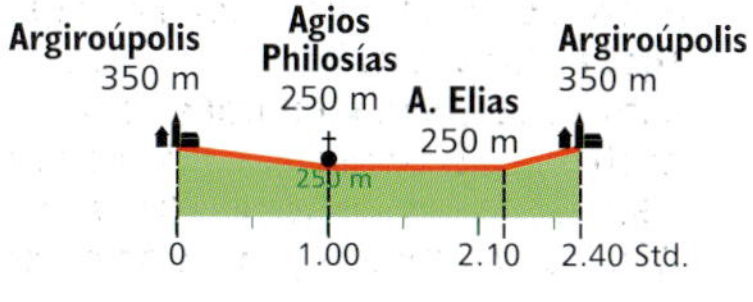

13 Auf dem E4 durch die Poros-Schlucht

4.45 Std.

Rundweg über Agios Konstantínos nach Velonádo und Káto Póros

Bei der Anlage des Weitwanderweges E4 konnte diese imposante Schlucht nicht einfach links liegen gelassen werden. So wurde einfach eine Wegschleife angehängt, in deren 1. Hälfte die Markierung hätte besser ausfallen können. Der Rückweg durch die Schlucht entschädigt aber für vorherige Irritationen.

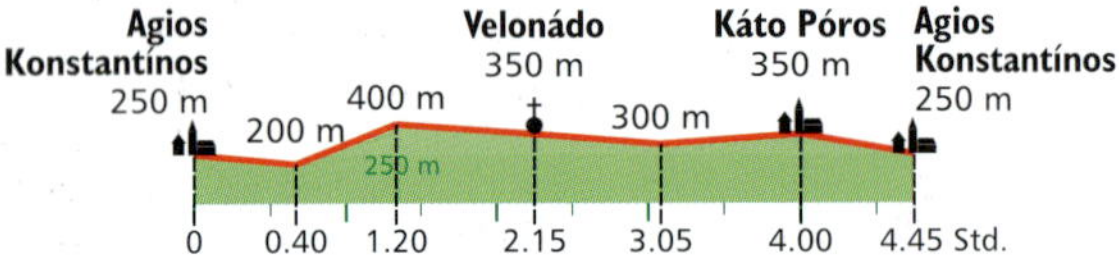

Ausgangspunkt: Agios Konstantínos 250 m. Anfahrt am besten mit dem PKW.
Höhenunterschied: 250 m.
Anforderungen: Etwas Orientierungssinn nötig, da teilweise schlecht markiert. Nicht möglich, wenn der Bach im Frühjahr Wasser führt.
Einkehr/Unterkunft: Hotels und Zimmer in Georgioúpolis oder Réthimnon. Einkehr in Káto Póros.

Enge Felswände markieren die schönste Stelle der Póros-Schlucht.

In **Agios Konstantínos** zunächst der Straße nach Zourídi folgen, bis links ein Weg, der mit »E4« markiert ist, abgeht. Bei einem E4-Schild an einem Maulbeerbaum zweigen wir links ab, und auch an der nächsten Weggabelung folgen wir dem E4-Schild nach links. Der Weg führt zwischen Lorbeer- und Myrtensträuchern hindurch und läuft bald als enger steiniger Pfad weiter abwärts in eine Schlucht, die gequert wird. Auf der anderen Seite verläuft ein Weg zwischen Legesteinmauern aufwärts. Wir folgen den schwarzgelben Markierungen, bis ein landwirtschaftlicher Fahrweg überquert wird, und gehen weiter zwischen Legesteinmauern steil aufwärts. Bei einem weiteren Fahrweg findet sich eine Kapelle. Auf dem Fahrweg rechts an den Ruinen eines verlassenen Dorfes vorbei folgen wir der Fahrpiste weiter aufwärts fast bis zum höchsten Punkt. In der letzten Kurve steht ein Steinmännchen, hier geht ein Pfad vom Weg ab und führt weiter durch karstiges Gelände. Markierungen weisen den Weg geradaus auf den Hang und über die Bergkuppe, nach der man auf die Häuser von **Velonádo** blicken kann. Auf markierten Steinpfaden geht es nun abwärts bis zur Asphaltstraße. Dieser folgen wir leicht ansteigend nach rechts, bis nach etwa 20 Minuten bei einer Markierungsstange ein Feldweg rechts einwärts in ein Bachbett führt. In diesem wandern wir weiter durch die eindrucksvolle Schlucht. Sobald diese sich wieder weitet, verlässt die Markierung den Bachlauf nach links oben, wo es auf einem Fahrweg aufwärts geht. Dieser trifft auf einen weiteren Fahrweg: hier links und nach 6 m wieder rechts in einen Hohlweg, der in **Káto Póros** endet. Rechts haltend aus dem Ort und auf der Straße (4,1 km) über **Zourídi** zurück nach **Agios Konstantínos**.

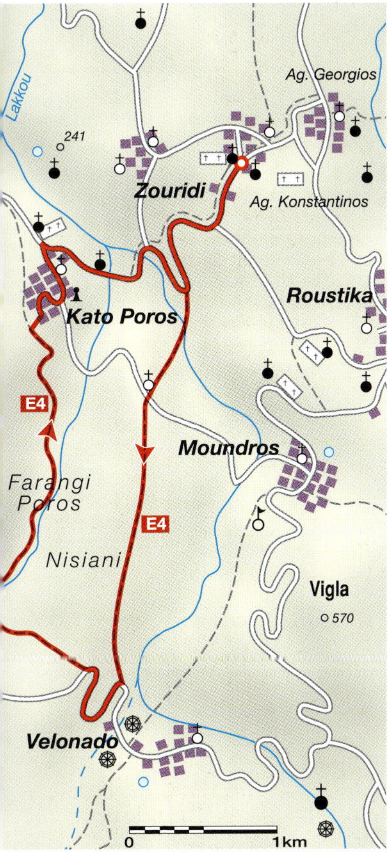

14 Der Festungsberg Bonripári

2.30 Std.

Von Monopári zur venezianisch-türkischen Festungsanlage Bonripári

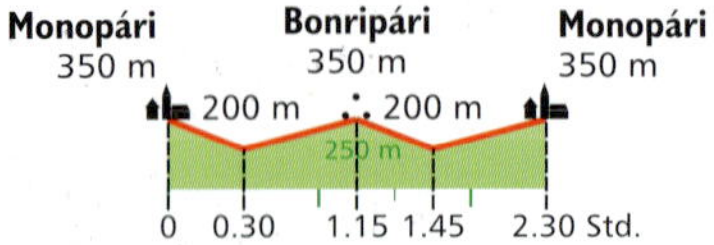

Es gibt in Kreta kaum einen geeigneteren Platz für eine Festungsanlage als den Festungsberg Bonripári, der zudem einen großartigen Rundblick ermöglicht. Er liegt inmitten der 180-Grad-Schleife eines Canyons, den der Fluss Pétres an seinem Oberlauf zwischen den Dörfern Monopári und Káto Maláki durchfließt. Über 100 m hohe senkrechte Felswände begrenzen das Plateau mit der Festung, das nur von Norden aus über eine Einsenkung zu besteigen ist. Um diese sozusagen verwundbare Stelle zu schließen, wurde hier von den Venezianern diese Festungsanlage gebaut, die später unter der türkischen Besatzung weiter Verwendung fand.

Ausgangspunkt: Monopári, 350 m, kleines Dorf im Hinterland von Réthimnon an der Zufahrtsstraße nach Káto Maláki, etwa 10 km von Goniá entfernt, an der alten Straße gelegen. Busverbindung: Réthimnon – Maláki 6.00 Uhr werktags (außer in den Schulferien), gegen 16.00 Uhr zurück.

Höhenunterschied: 300 m.

Anforderungen: Leichte Wanderung, wenig Schatten, gute Orientierung.

Einkehr/Unterkunft: Kafenía und Tavernen in Monopári und in den Dörfern entlang der Zufahrtsstrecke, Zimmer aller Kategorien im nahen Réthimnon.

Vorbei an der Dorfkirche von **Monopári**, halten wir uns am Ende des Ortes Richtung Káto Maláki. Die Straße führt in einer Südkurve aus dem Dorf hinaus – in dieser zweigt links ein Fahrweg ab, der zu größeren Stallungen führt. Nach etwa 150 m, kurz vor einer großen neu gebauten Zisternenanlage, biegt an einem großen Johannisbrotbaum links bergauf ein alter Fußweg mit abgetretenen Felsplatten und Begrenzungsmauern ab – ein Ausflug in eine andere Zeit. Anfangs geht es im Schatten großer Oliven- und Johannisbrotbäume, vorbei an Felsen und mit Blick auf den Festungsberg, den Hügel entlang. Nach einer Bachquerung in einem kleinen Seitental verzweigt sich der Weg. Wir steigen links ein Stück aufwärts und wandern dann meist eben in freiem Gelände auf die **Talsenke** vor dem Festungsberg zu.

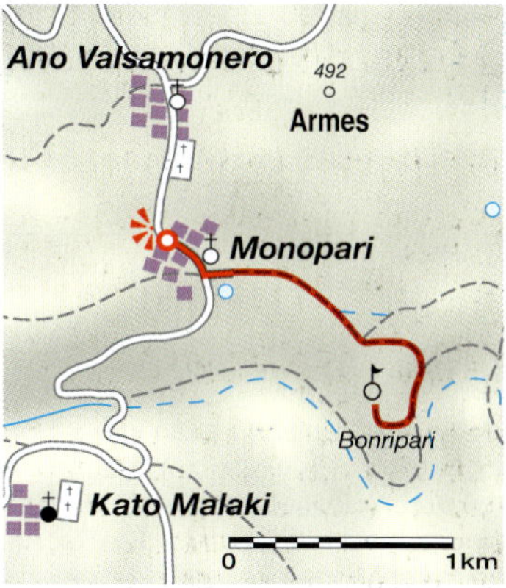

Aus der Talsenke zieht zu den Ruinen der Anlage ein Geländerücken hinauf; auf ihm führt ein schmaler Weg nach oben. Vorbei an einem alten Turm und über ein kurzes Steilstück gelangen wir auf das flache Plateau. Es bietet eine überwältigende Aussicht nach allen Seiten, vom Kretischen Meer im Norden über die Gebirgsgruppen im Osten und Süden bis hin zum Beginn der Weißen Berge im Westen. Bei der Umrundung des Plateaus kann man immer an der Abbruchkante entlanggehen und hat so einen ständigen Tiefblick in die mehr als 100 m tiefe Schlucht, die sich um den Festungsberg **Bonripári** windet. Auf gleichem Weg kehren wir zurück nach Monopári.

Wer will, kann noch einen Ausflug in den Canyon anhängen, man muss nur die Straße hinab in das enge Flusstal fahren: Von dort kann man die Schlucht auf schmalen, verwachsenen Ziegenpfaden durchwandern, ein schwer zu findender Steig beginnt an der Brücke und führt meist auf der rechten Talseite etwas oberhalb des Bachlaufes talaufwärts. Der Talgrund ist völlig zugewachsen, tiefere Wasserstellen und im oberen Teil des Canyons eine unbegehbare enge Klamm zwingen zum Ausweichen in den steilen Hang.

Blick von der Festung Bonripári über den Canyon des Flusses Pétres nach Westen zu den Weißen Bergen.

15 Durch die Prassanó-Schlucht

5.30 Std.

Zwischen glatt geschliffenen Felsen und Oleandersträuchern zum Meer

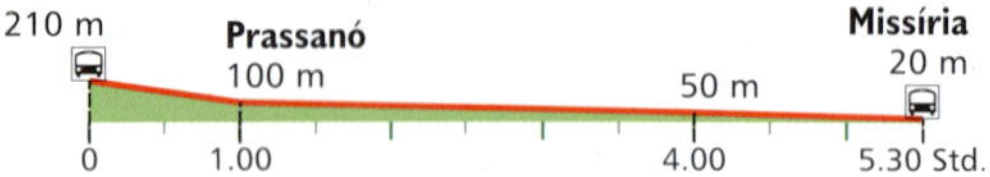

Obwohl die Wanderung nicht schwierig ist, gehört schon ein bisschen Abenteuerlust dazu, sich über Stock und Stein durch das enge Flussbett zu »kämpfen«. Neben der Tsiríta-Schlucht gehört diese Wanderung zu den schönsten in der Nähe Réthimnons. Besonders interessant ist es, wenn im Frühjahr in den Gumpen das Wasser steht und ein Weiterkommen nur durch Umklettern oder Durchwaten möglich ist. Spätestens im Juni ist dieser Spuk vorbei. Dann ist das Bachbett ausgetrocknet und nur die Färbungen an den bleichen Felsblöcken zeigen den sonstigen Wasserstand an.

Ausgangspunkt: Straßenabzweigung Prassiés / Mírthios, ca. 26 km nach Réthimnon. Busverbindung: Réthimnon – Amári ein- bis zweimal täglich.
Endpunkt: Missíria (20 m).
Höhenunterschied: 215 m.

Anforderungen: Unschwierige Schluchtdurchquerung in ausgetrocknetem Bachbett (ab Mitte Juni). Falls noch Wasser in Gumpen, evtl. 2. Paar Schuhe mitnehmen.
Einkehr/Unterkunft: Restaurants und Hotels in Réthimnon.

Zum Ausgangspunkt unserer Wanderung, der **Straßenabzweigung nach Mírthios**, kommen wir am besten mit dem Bus, der von Réthimnon ins Amári-Becken fährt. Bitten Sie den Fahrer, dass er Sie dort aussteigen lässt.

Zwischen glatt geschliffenen Felsblöcken führt der Weg durch die Prassanó-Schlucht.

Wir gehen anfangs ungefähr 500 m weiter die Straße abwärts, dann einen betonierten Fahrweg nach links unten. Den Schluchteinschnitt können wir gut sehen. Um dorthin zu kommen, wandern wir zuerst weiter durch Wiesen, rechts an einer Stallung vorbei und 50 m nach Osten.
Dann schwenken wir nach links hinab zum Bach. Große Platanen und lachsrote Oleanderbüsche säumen die Ufer auf beiden Seiten. Der Bach vereinigt sich nach kurzer Zeit mit einem größeren, von Süden hinzukommenden Fluss. Am besten wechseln wir jetzt auf die rechte Uferseite hinüber. Schon flankieren steile Felswände unseren von schattigen Platanen eingefassten Flusslauf. Dann verengt sich das Flussbett, große abgeschliffene, wie poliert wirkende Blöcke häufen sich. Dazwischen stehen gebliebenes Wasser. Wer die Wanderung im Frühjahr macht, findet schöne Badegumpen.
Nach 3 Stunden Schluchtbegehung treten die Felsen plötzlich zurück und die Landschaft öffnet sich. Wir gehen noch etwa eine Stunde im Flussbett und steigen dann links hinauf zu einem Pfad, der zuerst durch Olivenhaine führt. Nach einer halben Stunde erreichen wir Gewächshäuser und eine Straße, die unter der Nationalstraße hindurchführt, um dann bei **Missíria** auf die Landstraße nach Réthimnon zu treffen.
Nach einem Bad im Meer fahren wir mit einem der häufig verkehrenden Busse zurück in die Stadt.

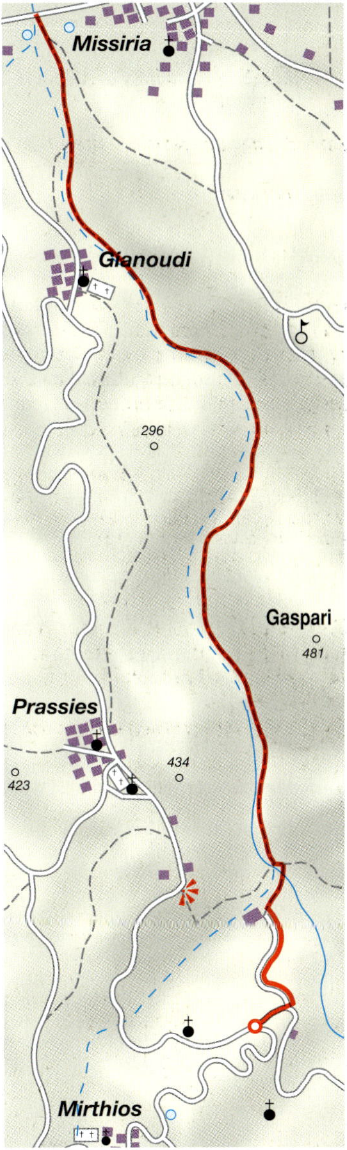

16 Die Schlucht des Tsiríta

2.00 Std.

Von Patsós zur Antoniushöhle in der Tsiríta-Schlucht

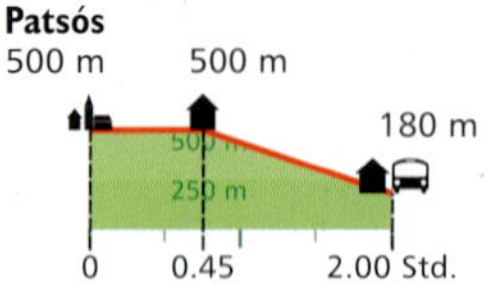

Aus dem fruchtbaren, hügeligen Gebiet nördlich des Kédhros-Massivs führt diese Wanderung durch die kurze, aber sehr attraktive Tsiríta-Schlucht. Der Tsiríta hat unterhalb des Dorfes eine enge Schlucht durch das Gestein gegraben. Der obere Teil war schon immer viel besucht, vor allem wegen der Antonius-Kapelle. Der Weg durch die Schlucht ist noch nicht fertiggestellt – wer aber kurze Kletterpassagen über Felsblöcke und Durchquerungen von Wasserstellen nicht scheut, kann sie bei niedrigem Wasserstand ohne weiteres begehen.

Ausgangspunkt: Patsós (500 m), schön gelegenes Dorf im Hinterland Réthimnons mit großer türkischer Brunnenanlage, 8 km von der Verbindungsstraße Amári-Becken – Réthimnon entfernt. Busverbindung: Von Réthimnon einmal täglich nach Patsós und nach kurzem Aufenthalt wieder zurück, Réthimnon – Agia Galíni dreimal, zurück zweimal täglich.

Endpunkt: Hauptstraße Rethimnon – Amari.

Höhenunterschied: Aufstieg 50 m, Abstieg 370 m.

Anforderungen: Einfache Schluchtwanderung, bis auf ein kurzes Stück am Ende. Je nach Wasserstand müssen kurze Passagen im tieferen Wasser durchwatet werden.

Einkehr/Unterkunft: In Patsós zwei, am Schluchteingang eine und an der Verbindungsstraße zwei Tavernen, großes Zimmerangebot in Réthimnon.

Tipp: Wer eine eigene Fahrmöglichkeit hat und die Schlucht von oben kennenlernen will, kann von Patsós aus der Straße nach Karínes folgen. Kurz nach Patsós gelangt man an der ersten Straßengabelung in einem weiten Rechtsbogen nach unten zu einem Gatter (siehe Haupttour) und zur Taverne am Eingang der Schlucht (Länge der Zufahrtsstrecke 2,5 km).

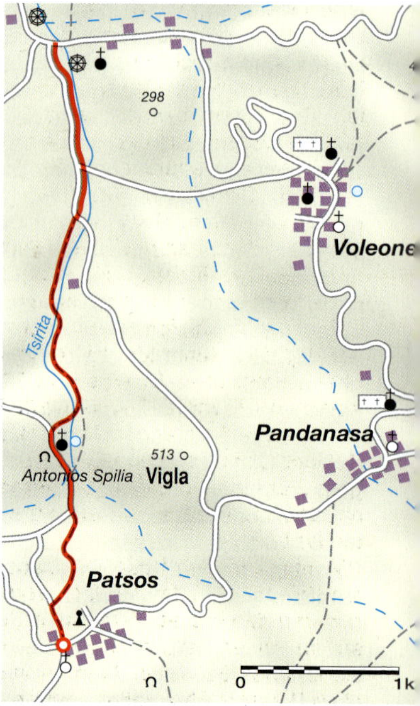

Vom **Dorfplatz** aus folgen wir der Straße Richtung Karínes (Westen). An der zweiten Wegabzweigung führt nach rechts unten ein betonierter Weg. Er verfolgt anfangs eine Wasserrinne, an der ersten Verzweigung gehen wir rechts, an der nächsten (nach insgesamt 10 Min.) nach links, immer bergab dem Wasserlauf folgend. Nach wenigen Minuten erreichen wir einen Fahrweg; auf ihm 150 m weiter bergab, bis neben einer alten Wasserrinne wieder ein schmaler Weg abwärts führt, den wir benützen. Unter uns ist der Schluchtbeginn schon recht gut zu sehen. Direkt neben einem breiten Gatter erreichen wir eine Schotterstraße; auf der anderen Seite des Gatters weist bereits ein Schild auf die Antonius-Kirche hin. Nach 300 m endet die Straße an der Taverne am **Eingang der Schlucht**.

Blick in die Tsiríta-Schlucht.

Ein angelegter Fußweg mit Holzgeländer führt in die enge Schlucht hinein und erreicht über Holztreppen einen Rastplatz mit Brunnenanlage. Dahinter befindet sich die Antonius-Kapelle, die eng an eine überhängende Felswand gebaut wurde. Der teilweise sehr tief eingeschnittene Bachlauf bildet über kürzere Strecken eine nicht begehbare Klamm, hier führt der Fußweg weit oberhalb vorbei. Nach etwa 20 Minuten geht es wieder direkt zum Wasser hinab, auf die andere Bachseite und an schönen Wasserfällen vorbei. Solange der Weg nicht fertig gestellt ist, kann die Schlucht nur bei niedrigem Wasserstand begangen werden – an einigen Stellen müssen wir dennoch bis zur Hütte im Wasser waten und über größere Felsblöcke nach unten klettern.

Die **Schlucht-Durchquerung** dauert etwa eine Dreiviertelstunde, dann öffnet sich plötzlich das Tal. Der Weg führt nun am Bach entlang, unter Platanen und durch Oleandergebüsch, in flacheres Gelände hinaus. Wir gehen auf der linken Seite bachabwärts, rechts oberhalb sehen wir ein landwirtschaftliches Gebäude, dann kommen wir auf eine Schotterstraße. An einer alten Wassermühle vorbei, geht es weiter auf der linken Bachseite talabwärts. Kurz nach der Mühle führt nach rechts eine Straße über eine alte Brücke zum Dorf Voleónes. Geradeaus erreichen wir nach knapp 1 km die **Teerstraße** (200 m). Auf dieser rechts noch 1 km, bis wir bei einigen Häusern mit einer Tankstelle und Bushaltestelle sowie zwei Tavernen angekommen sind.

Kleine Wasserfälle und tief eingeschnittene Felswände bestimmen den Weg durch die Schlucht.

3.15 Std.

Vom Kloster Vosakóu nach Sissés

17

Marmor, Kloster und Orangen

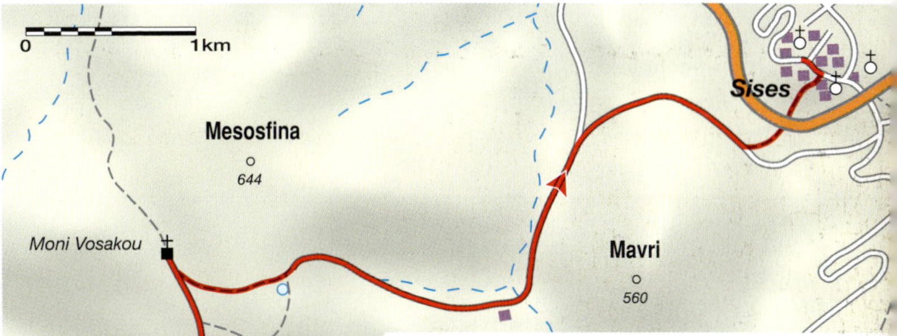
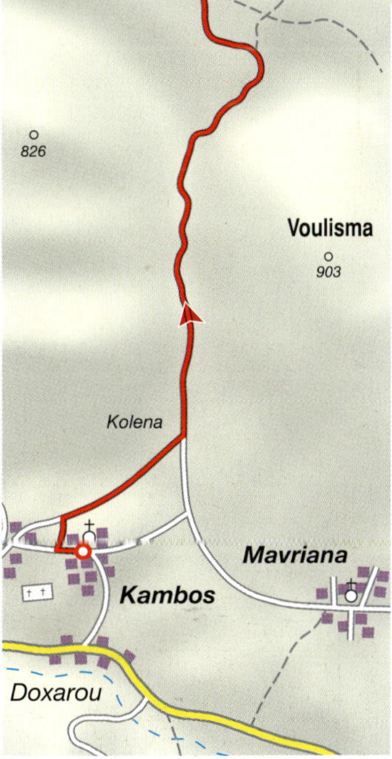

Kámbos Doxaró ist einer von vielen Orten, die im fruchtbaren Talbecken zwischen dem Psiloritis und dem Kouloúkonas-Massiv liegen. Die Gegend ist wasserreich und neben Wein werden Gemüse, Obst und Zitrusfrüchte angebaut. Das Dorf Sissés, der Endpunkt unserer Wanderung, ist zum Beispiel bekannt für seine großen, saftigen Navelorangen.

Wer Glück hat, kann sogar den Köhlern bei ihrer Arbeit zuschauen.

Abseits der großen Straßen und Touristenzentren sind die Ruinen des Klosters Vosakóu ein verborgenes Kleinod in den kretischen Küstenborgon.

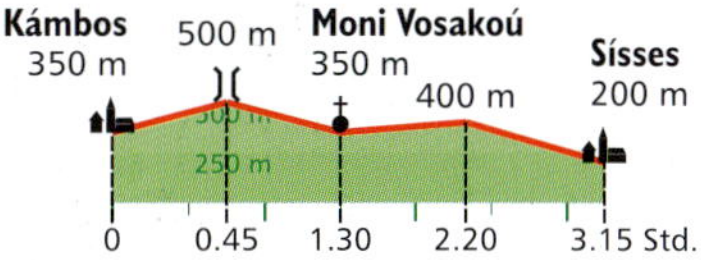

Ausgangspunkt: Kámbos Doxaró, ca. 40 km von Réthimnon nach Iráklion auf der »Old Road«. Busverbindung: Réthimnon – Iráklion, »Old Road« zweimal täglich, Nationalstraße ca. jede ½ Std.
Endpunkt: Sissés (200 m).
Höhenunterschied: 200 m im Aufstieg, 350 m im Abstieg.
Anforderungen: Leichte Wanderung. Ab Kloster Vosakóu etwas Orientierungssinn nötig. Lange Hose. Ausreichend zu trinken.
Einkehr/Unterkunft: Tavernen in Kámpos Apladianá und Sissés, Zimmer in Kámpos Apladianá und Báli.
Varianten: Kombination mit Tour 18: Aufstieg auf den Koutsotroúlis und Abstieg nach Moní Vosakóu.

Die Abgeschiedenheit des Klosters bot Schutz vor den venezianischen und türkischen Herren.

Die gut erhaltenen Reste des Klosters Vosakóu auf dem Weg nach Sissés.

Wir verlassen **Kámbos Doxaró** am westlichen Ortseingang, wo unmittelbar nach einer Brücke, gegenüber der Kirche, eine Schotterstraße abgeht. Diese steigt langsam in südlicher Richtung an und führt nach 45 Min. an einem Marmorbruch vorbei, der am Hang gegenüber liegt. Vom Passrücken aus führt die Straße kurze Zeit auf fast gleicher Höhe weiter, bevor sie langsam abfällt und in einer weiten Rechtsschleife um eine Senke herum (Eso Kámbos) zum **Kloster Vosakóu** schwenkt. (Für den späteren Weiterweg sollten wir uns schon jetzt einen Überblick verschaffen. Beim Abstieg auf der Straße sehen wir gegenüber ein Seitental, zu dem auch ein Feldweg durch die Senke führt und das durch einen dahinterliegenden Berg begrenzt ist. Dieser wird später links umgangen.) Nach 1½ Stunden erreichen wir das am nördlichen Ende des Eso Kámpos gelegene **Moni Vosakóu**. Außer von Schäfern wird es nicht mehr genutzt, wir können also ungestört die Bauweise des Klosters mit seinen Rundbögen, Treppen und steinernen Ornamenten studieren. Mit Mitteln der EU wird es derzeit restauriert.
Wir verlassen das Kloster am Haupttor in östlicher Richtung auf einem alten Weg. Er führt alsbald auf einen Fahrweg, der an einer Zisterne endet. Davor befindet sich eine Feldwegkreuzung. Hier links einen verwachsenen Weg hoch (links Schafgehege), zu einer kleinen, mit Mauern umgebenen Hochebene, die wir geradewegs überschreiten. Hier beginnt eine Schotterstraße, die in der rechten Flanke eines ostwärts ziehenden Tales abwärts zu einem Gehöft führt. Hier links hinunter und bei der unterhalb folgenden Gabelung den Fahrweg nach rechts, der schließlich oberhalb der Schnellstraße parallel zu dieser verläuft. Man halte sich möglichst lange rechts oberhalb der Schnellstraße, ehe man zu ihr hinabsteigt; dann auf der Straße ein kleines Stück aufwärts, bis links eine Leitplanke beginnt. Hier führt ein Pfad hinauf ins Dorf **Sissés**.

18 Koutsotroúlis, 1083 m

6.00 Std.

Bergbesteigung im einsamen Kouloúkonas-Gebirge

Das Flusstal von Peramá nach Osten bietet eine üppige, einzigartige Gartenlandschaft mit Orangen- und Zitronenplantagen, dichtem Baumbestand, Weinfeldern und noch vereinzelt rauchenden Köhlerhügeln. Einen krassen Gegensatz dazu bilden die Kouloúkonas-Berge – sie sind karg, trocken und absolut einsam, bieten dafür aber schöne Rundblicke nach allen Seiten.

Ausgangspunkt: Apladianá, 250 m, kleines Dorf im Tal des Milopótamos-Flusses nördlich des Psiloritis-Massivs, 16 km von Peramá entfernt. Busverbindung: Auf der alten Straße zweimal täglich von Réthimnon nach Iráklion und umgekehrt.
Höhenunterschied: 840 m.
Anforderungen: Leichte, aber mühsame Bergbesteigung; meist bewegt man sich im weglosen, steilen Hanggelände. Im Sommer sehr heiß, es gibt kaum Schatten und unterwegs auch kein Wasser.
Einkehr/Unterkunft: Zimmer in Apladianá und Kámpos Apladianá, Tavernen in allen Dörfern entlang der alten Straße, viele Geschäfte, Tavernen, Kafenía und Zimmerangebote in der Kleinstadt Peramá.
Tipp: Melidóni-Höhle bei Peramá, minoische Landhäuser von Tylissos bei Agios Mámas, Bergdorf Axos (Reste einer großen dorischen Stadtanlage).

Ausgangspunkt für unsere Bergbesteigung ist das an der alten Straße nach Iráklion gelegene **Kámpos Apladianá**, von dem aus noch eine Straße zum etwas höher gelegenen **Apladianá** führt. Vom Kafeníon folgen wir der Dorfstraße, gelangen zur Kirche und oberhalb von ihr zum Friedhof. Von dort geht es über viele Terrassen unter großen Olivenbäumen auf das Bergmassiv oberhalb zu. Wir gehen auf den deutlichen Taleinschnitt zu. Am Ende des Olivenhains verläuft der Weg an einem Maschendrahtzaun entlang, führt nach rechts über ein Bachbett und auf eine etwas oberhalb liegende große **Zisternenanlage** hin. Zurückschauend hat man jetzt einen schönen Überblick über das Dorf, die Tallandschaft und das

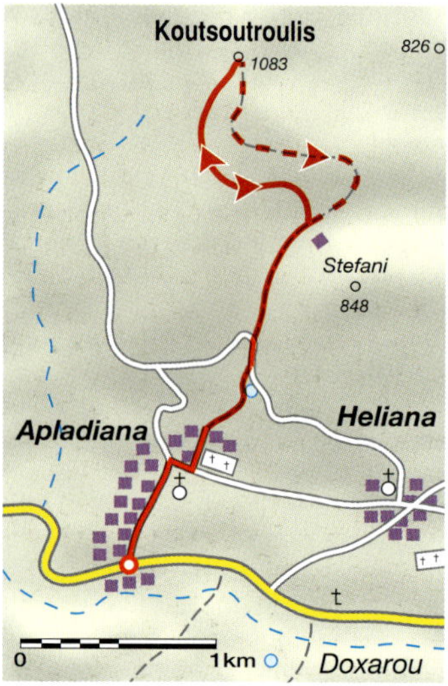

Köhler beim Löschen von Holzkohle im Tal des Milopótamos-Flusses.

Psilorítis-Massiv im Süden. Der neu angelegten Schotterstraße folgen wir ein Stück, bis sich der auf der rechten Seite verlaufende Ziegenpfad in den Taleinschnitt nach oben hineinzieht. Der Weg verläuft im steilen Tal neben einem trockenen Bachbett bergauf. Mit der üppigen Flora ist es vorbei, stattdessen macht sich die typische Vegetation der Trockenregion breit: kleine Eichen, Zistrosen, Gewürzkräuter aller Art und Salbei. Wir folgen dem schmalen Pfad eine Dreiviertelstunde steil nach oben, die Hälfte davon zum Schluss direkt im felsigen Bachbett, und erreichen auf 750 m Höhe einen kleinen, ebenen **Sattel** mit einigen großen Bäumen und einem alten Schafpferch – in der Nähe steht eine steinerne Schäferhütte in Kuppelbauweise. Weiter den Hang nach oben links querend zu dem Grat, der nach Osten herabzieht. Durch niedriges Gestrüpp, über Felsstufen und durch Geröll erreichen wir nach einer Viertelstunde den Rücken und gehen auf ihm zum **Vorgipfel**. Etwa 40 Minuten wandern wir fast auf gleicher Höhe auf dem halbkreisförmig gebogenen Kamm, bis wir an der Gipfelsäule des **Koutsotroúlis**, 1083 m, stehen. Ein schöner Rundblick: Kegelartige Bergkuppen reihen sich auf, Silhouetten verschieben sich, bis sie sich in der dunstblauen Küstenlinie auflösen – der breite, mächtige Psilorítis dagegen wirkt als Barriere für die Blicke in Richtung Süden. Als Rückweg wählen wir entweder die bereits bekannte Aufstiegsroute oder aber – interessanter, jedoch ein Stück länger – einen schmalen Weg, der in das kleine Tal zwischen Vor- und Hauptgipfel hinabzieht. Er quert den Hang unterhalb des Vorgipfels und trifft auf dem Sattel bei der Schäferhütte wieder auf den bekannten Weg.

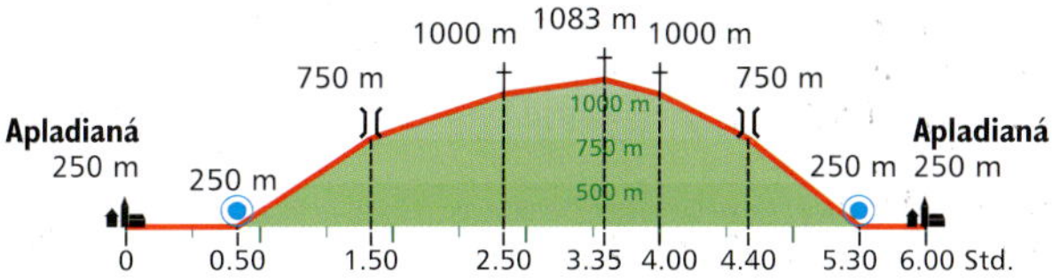

Der Südwesten Kretas

Die West- und Südküste Kretas ist wenig bewohnt, sehr gebirgig und an vielen Stellen sogar unzugänglich – zahlreiche Dörfer liegen hier noch abseits der Touristenströme und sind auch für den Wanderer nur unter großem Zeitaufwand erreichbar. Touristische Bedeutung hat das Gebiet entlang der Zufahrtsstrecke von Kastélli über Perivólia nach **Hrissoskalítissas**, wo eines der schönstgelegenen Klöster Kretas steht, und weiter zum südwestlichsten Punkt, den **Elafónissos-Inseln**.

Paleohóra, der erste bedeutende Ort an der Südküste, ist von Norden auf einer guten Straßenverbindung über Voukoliés und Kándanos erreichbar. Der lebhafte Ort erfreut sich bei Individualtouristen nach wie vor großer Beliebtheit – ein relativ preiswertes Zimmerangebot, schöne Strände sowie gemütliche Tavernen, Cafés und Bars lassen keine Wünsche offen. Außerdem bestehen Schiffsverbindungen nach Kastélli, zur Insel Gávdos, nach Soúgia und nach Elafónissos.

Viele Jahre war Soúgia ein Geheimtipp unter den Kennern Kretas. Der abgeschiedene Ort ist nur über eine lange Bergstraße von Norden aus erreichbar und eng an den schönen Kiesstrand gebaut, bevor die felsigen Steilabbrüche der Weißen Berge ein Weiterkommen an der Küste nur für erfahrene Wanderer möglich machen. Mittlerweile aber ist der Ort gewachsen, da ein großes Zimmerangebot, viele Tavernen, schöne Buchten und ein abwechslungsreiches, interessantes Hinterland für Ausflüge und Wanderungen immer mehr Gäste anlocken. Sehenswert sind hier die Fresken von Pagoménos in der Kirche von Moní. Nur zu Fuß erreichbar hingegen ist das antike Asklepios-Heiligtum in **Lissós**.

Beeindruckend ist die Weiterfahrt mit dem Schiff entlang der Steilküste nach Osten. Sie verläuft nahe der Küste und ermöglicht Einblicke in die faszinierende Bergregion. Zielhafen ist **Agia Rouméli**, der Ausgangspunkt für die Wanderung in die **Samariá-Schlucht**. Es gibt wohl keinen zweiten Ort, der durch die touristische Erschließung derart auf den Kopf gestellt wurde. Früher war Agia Rouméli ein kleines, praktisch nicht erreichbares Dorf – heute werden in der Saison wohl mehr als 6000 Besucher am Tag durch den klimatisch begünstigten Ort geschleust, verköstigt und umgeladen.

Über den Wanderweg Richtung Osten gelangt man entlang dem wohl schönsten Küstenbereich der gesamten Südküste nach **Loutró**. In der vorgelagerten Bucht war der Hafen des antiken Phoenix, das etwas oberhalb der Halbinsel stand – eine Stadt mit mehr als 20 000 Bewohnern. Die antiken Stätten – auch im höher gelegenen **Arádhena** –, Schluchten, Bergdörfer und eine bezaubernde Landschaft laden ein zum Baden und Wandern.

Auch die weitere Strecke nach **Hóra Sfakíon** kann man mit dem Schiff bewältigen; während der Fahrt sind zahlreiche gut besuchte Badestrände auszumachen. Der große Ort am Südostrand der Weißen Berge ist genau wie Agia

Rouméli eine Drehscheibe des Tourismus – Tausende steigen hier täglich vom Schiff in den Bus um. Über die **Hochebene von Askífou** besteht die Möglichkeit einer Rückfahrt zur Nordküste bzw. der hier beginnenden Küstenstraße folgend, an der Kulisse der venezianischen Festung von **Frangokástello** vorbei, Richtung Osten. Durch zahlreiche kleine Dörfer, die sich unterhalb der kargen Berge wie grüne Oasen ausnehmen, führt die Straße weit oberhalb der Küste entlang.

Fischerboote im Hafen von Agia Galíni.

Mit **Plakiás**, das an der engsten Stelle Westkretas liegt, erreicht die Straße den nächsten größeren Ort. Zahlreiche Hotels, Pensionen und Tavernen haben sich neben dem Dorf an der großzügigen Badebucht ausgebreitet. In der Umgebung lohnt ein Besuch der schönen Bergdörfer, die teilweise über enge und hohe Schluchten erreicht werden, vor allem aber der **Klöster von Préveli** mit der Palmenbucht. Die gut ausgebaute Hauptstraße von Réthimnon führt über das Dorf **Spíli** unterhalb des Kédhros-Massivs weiter nach **Agia Galíni**. Eine schöne Landschaft, die gleichwohl zum Wandern und Baden einlädt – einige einfache Tavernen bieten hier Übernachtungsmöglichkeiten. Agia Galíni liegt am Westrand der **Messará-Ebene** und ist der etablierteste Badeort und Hafen der Südküste Westkretas.

Die Landschaft hat jetzt ein völlig anderes Gesicht – die bisher dominierenden Berge rücken in den Hintergrund, stattdessen bestimmen Gewächshäuser und ein üppiges Grün das Bild. Am Südrand der Ebene hat sich ein weiterer viel besuchter Badeort etabliert: Früher ein Treffpunkt der Freaks, die in den Höhlen oft auch überwinterten, ist **Mátala** heute ein Ziel des Pauschaltourismus und entsprechend überlaufen. Vorbei an **Agia Triáda** und **Festós** zieht sich die hier viel befahrene Straße nach Osten durch die sanft ansteigende Messará-Ebene; linker Hand, hinter Wolkentürmen fast versteckt, liegt das gewaltige Psiloritis-Massiv. Vorbei am weitläufigen Gelände von **Górtys**, der ehemals römischen Provinzhauptstadt, geht es durch das hügelige Hauptweinanbaugebiet Kretas zur flachen Nordküste bei Iráklion. Am rechten Rand begrenzen die **Asteroússia-Berge** die Messará-Ebene – sie bieten dem Wanderer eine ganze Reihe von lohnenden Ausflugszielen.

19 Von Elafónissos nach Paleohóra

7.00 Std.

Entlang der Küste und über das Kap Kríos im Südwesten Kretas

Die Südwestecke Kretas gehört zu den bezauberndsten Zielen der Insel. Besonders die Elafonísi-Inseln mit ihren weißen Sanddünen und dem seichten, türkisblauen Wasser sind von paradiesischer Schönheit. Sehenswert ist auch das Kloster Hrissoskalítissas.

Ausgangspunkt: Elafónissos, Parkplatz vor den Kiosken am Strand mit den vielen Sonnenschirmen. E4-Tafel. Bus: Kastélli – Moni Hríssoskalítissas (in der Saison bis Elafónissos).
Endpunkt: Paleohóra; Bus: Paleohóra – Haniá. Schiff: Im Sommer und Herbst täglich Boot Paleohóra – Elafónissos.
Höhenunterschied: 100 m.
Anforderungen: Unschwierige, aber Ausdauer erfordernde Wanderung. Teilweise etwas Trittsicherheit erforderlich.
Einkehr/Unterkunft: In Hrissoskalítissas, Elafónissos und Paleohóra.

Am Badestrand wenden wir uns nach Osten. Etwa 100 m nach der letzten Bucht ist eine erste *E4-Tafel* auf den blanken Felsen, nahe dem Meer. Weiter über die flachen Felsplatten am Meer entlang (unbedingt die nächste E4-Tafel ausfindig machen). Im weiteren Wegverlauf durch unübersichtliches Gelände (neben *E4-Tafeln und -Schildern* auch *schwarz-gelbe Farbmarkierungen* auf Felsen sowie *Steinmännchen*). Nach gut 30 Min. endet die mühsame Felsenzone und der Weg verläuft meist im Sand, durch Gebüsch und Dünen, nahe am Wasser. Nach knapp einer Stunde eine Zisterne, eine provisorische Hütte, Wacholderbäume. In der Folge geht es an einem lang gezogenen Strand ent-

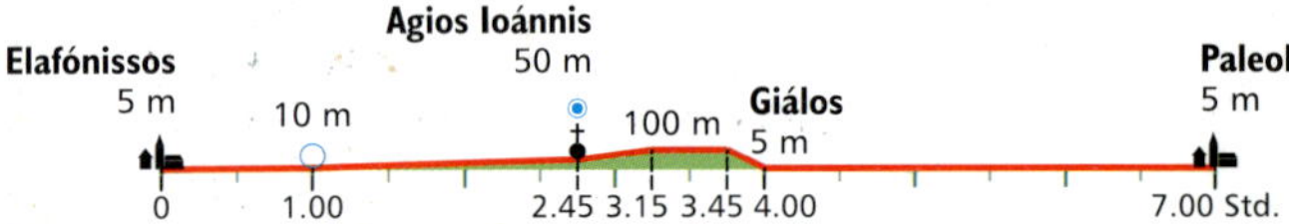

lang, an dessen Ende nach oben, über eine Felsnase und wieder zum Meer. Nach einem Gewirr von kleinen Felsgebilden im rechten Winkel weg vom Meer, anfangs in einem trockenen Bachbett (Schlucht) nach oben. Über mehrere kleine Felsstufen, dann zeigt ein deutlicher *schwarz-gelber Pfeil* die Richtung. Nach etwa 200 m verlässt der Weg rechts den Graben und führt ca. 40 m über dem Meer durch den Hang. Anschließend in steilerem Gelände öfters auf und ab, vereinzelt über Felsblöcke, und hinab zum Meer. Nach etwa 2 Stunden erreichen wir einen lang gezogenen Strand, an dessen Ende der Weg im Hang hochführt. Nach 2¾ Stunden ist die **Agios-Ioánnis-Kapelle** erreicht (Quelle 50 m höher).

Der einstigen Einsamkeit beraubt: das Kloster Hrissoskalítissas.

20 Minuten nach der Kapelle durch steiles Felsgelände hinab in eine kleine Bucht. An deren Ende, kurz vor großen Felsblöcken, etwas versteckt unter Gebüsch den Hang aufwärts auf eine Straße zu. Unterhalb der Straße führt der Weg auf den flachen Sattel des **Kap Kríos**. Dann hangabwärts über Felsstufen direkt zum Kiesstrand von **Giálos**. Von hier auf einer Schotterstraße, in einer scharfen Linkskurve zur Teerstraße und auf dieser etwa 10 km durch besiedeltes Gebiet nach **Paleohóra** (evtl. Taxi oder Mitfahrgelegenheit).

20 Von Paleohóra nach Soúgia

4.30 Std.

An der Küste des Libyschen Meeres zum Asklepios-Heiligtum in Lissós

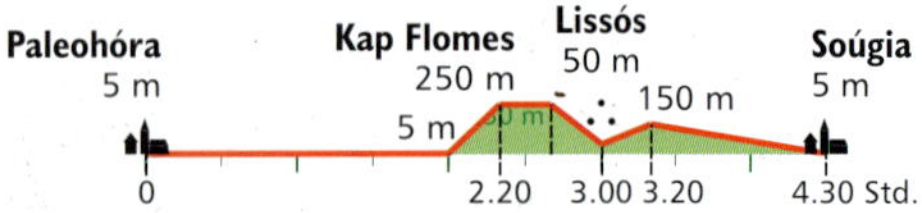

Der erste Teil des Weges verläuft direkt am Meer entlang – so bietet sich die eine oder andere Gelegenheit, ein erfrischendes Bad zu nehmen. Dann heißt es für eine Zeitlang Abschied nehmen von den Stränden – der Weg führt über einen Bergrücken und zum Schluss sogar durch eine kleine Schlucht. Sehenswert sind die Mosaiken im Asklepios-Heiligtum von Lissós.

Ausgangspunkt: Fahrstraße zum Campingplatz in Paleohóra. Bus: Haniá – Paleohóra.
Endpunkt: Soúgia. Bus: Soúgia – Haniá.
Höhenunterschied: 350 m.

Anforderungen: Unschwierige, aber Ausdauer erfordernde Wanderung. Ausreichend Wasser mitnehmen.
Einkehr/Unterkunft: Restaurants und Zimmer in Paleohóra und Soúgia.

Wir verlassen **Paleohóra** nach Osten auf der Straße zum Campingplatz. Nach einer Stunde immer am Meer entlang (Strand von Anidri) geht der Fahrweg in einen Fußpfad über. Nach 2 Stunden steigt der Weg an, um einen ins Meer ragenden Bergausläufer (Kap Flomes) zu überwinden. Oben stoßen wir auf einen Fahrweg, der nach 10 Minuten auf einen breiten Fahrweg trifft. Diesen überqueren wir und gelangen zwischen Karstgestein und Wacholder hinab zur Bucht des antiken **Lissós**. Weithin bekannt war Lissós

Am Libyschen Meer entlang auf dem Weg nach Soúgia.

durch sein Asklepios-Heiligtum, das noch in der römischen Epoche verehrt wurde. Das Ausgrabungsgelände ist allerdings von einem Drahtzaun umgeben, doch im Archäologischen Museum in Haniá ist eine Panstatue ausgestellt, die hier gefunden wurde. Auf dem Weg zu der einladenden kleinen Badebucht finden wir eine kleine byzantinische Kapelle, in deren Mauerwerk so mancher antike Stein mit eingebaut wurde. Vom antiken Gelände führt der Weiterweg nach Soúgia rechts neben dem Mosaikboden zunächst über ein Bergplateau, dann abwärts in eine kiefernbewachsene Schlucht. Durch das Bachbett erreichen wir den Fischerhafen von **Soúgia**, von wo es noch 5 Minuten bis in den Ort mit seinem schönen Kiesstrand sind.

21 Die Schlucht von Agia Iríni

4.00 Std.

Lohnenswerte Schluchtwanderung durch eine wilde Berglandschaft

Wer von der Hochebene Omalós aus vergeblich versucht hat, durch die Samariá-Schlucht zu wandern, findet hier eine nicht weniger reizvolle Möglichkeit, durch eine gewaltige Berglandschaft hinab zur Südküste zu gelangen.

Ausgangspunkt: Agia Iríni, 650 m. Das Dorf liegt etwas unterhalb der Verbindungsstraße von Haniá nach Soúgia am Beginn einer tief eingeschnittenen Schlucht am westlichen Rand der Weißen Berge, etwa 30 Straßenkilometer von Soúgia entfernt. Bus: Haniá – Soúgia täglich (Hanía 13.30); der Bus hält für Touristen am Zugang zur Schlucht.
Endpunkt: Soúgia, 5 m. Schiffsverbindungen: Paleohóra – Soúgia – Agia Rouméli zweimal täglich.
Höhenunterschied: 660 m (Abstieg).
Anforderungen: Leichte Schluchtwanderung, sehr leichte Orientierung, mehrere Bachüberquerungen, deshalb nach längeren Regenfällen nicht möglich, gute Weganlage. Vom Schluchtende bis Soúgia im Sommer sehr heiß.
Einkehr/Unterkunft: Großes Zimmerangebot sowie Tavernen und Cafés in Soúgia.
Tipps: Antike Stätte von Lissós, bei Rodováni die antike Stätte Elíros.
Die Tour ist kombinierbar mit Tour 40.

Auf der kurvenreichen Bergstrecke von Haniá nach Soúgia liegt in einem engen Tal auf 660 m Höhe das kleine Dorf **Agia Iríni**.
Am südlichen Ortsende (große Hinweistafel) führt ein Wirtschaftsweg links steil nach unten, an einer neu gebauten Rastanlage mit Taverne (mit Einkaufsmöglichkeiten) vorbei. Es geht anfangs an der rechten Seite des hier fast immer Wasser füh-

Weiße Anemonen – Blütenpracht in der Schlucht von Agia Iríni.

renden Baches entlang, auf den Schluchtbeginn zu. Der Weg wechselt öfters die Bachseite und führt unter dichtem Baumbestand, zum Teil auf einer alten Weganlage mit Stufen und Stützmauern talabwärts. Nach etwa 45 Minuten links etwas oberhalb einige Ruinen, ein neu erbautes Steinhaus: Hinweistafel zu einem ehemaligen Partisanenversteck. Von hier führt ein schmaler Weg hinauf zur Hochebene Omalós (siehe Tour 40). Nach etwa einer Stunde erreichen wir einen **Rastplatz**, ab hier neu gebauter Wanderweg. Der weitere Wegverlauf ist zusätzlich durch *Kilometerangaben, rote Wegmarkierungen, Pfeile und Steinmännchen* bestens gekennzeichnet, es gibt mehrere Rastplätze mit Wasserstellen und Toiletten. Der Weg führt des Öfteren ein Stück nach oben, kehrt aber immer wieder zum Talgrund zurück. Ein wahres Blumenmeer aus Alpenveilchen, Lilien und Anemonen findet man je nach Jahreszeit. An wenigen Stellen muss man die Hände zu Hilfe nehmen, um über größere Felsblöcke hinwegzusteigen. Nach 2½ Stunden Gehzeit öffnet sich die Schlucht. Olivenplantagen und angelegte Terrassen weisen auf das erste Dorf hin. Talabwärts auf der linken Bachseite stoßen wir auf eine Teerstraße mit großem Parkplatz mit Taverne (in der Saison Bus nach Soúgia), auf der wir unseren Weg fortsetzen. Eine kleine weiße Kapelle steht oberhalb der Straße und unten aus dem Kiesbett ragt der Bogen einer venezianischen Brücke aus dem Geröll. An einer Brücke erreichen wir die Verbindungsstraße zum Dorf Livadás. Wir überqueren die Brücke und folgen der Teerstraße (45 Min.) nach **Soúgia**.

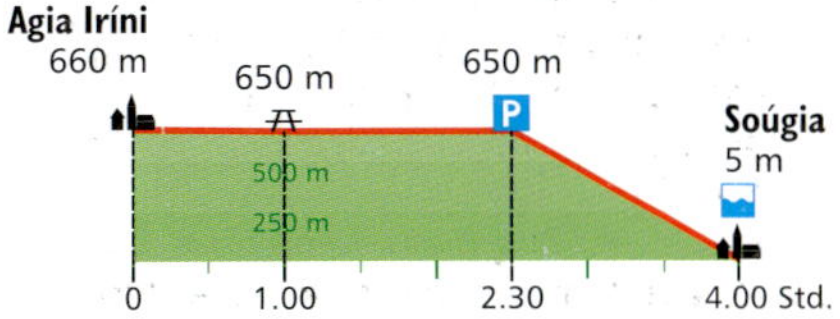

22 Von Soúgia nach Agia Rouméli

2 Tage

Ein anspruchsvolle Zwei-Tages-Tour am Fuß der Weißen Berge

Dieser Hochgebirgsweg führt vorbei an der Festung Tripití, über mehrere Strände durch einsames und steiles Berggelände nach Agia Rouméli.

Ausgangspunkt: Soúgia an der Südküste am Ende der Verbindungsstraße Haniá – Soúgia. Vor etlichen Tavernen und Cafés breitet sich ein lang gezogener schöner Kiesstrand aus. Bus: Haniá – Soúgia täglich. Schiff: In der Saison täglich Paleohóra – Soúgia – Agia Rouméli.
Endpunkt: Agia Rouméli, 5 m. Schiff: In der Saison täglich Paleohóra – Soúgia – Agia Rouméli; mehrmals täglich Agia Rouméli – Hóra Sfakíon.
Höhenunterschied: Aufstiege und Abstiege gesamt je 1250 m, davon ein langer Anstieg auf 560 m Höhe.
Anforderungen: Diese Etappe des Europäischen Fernwanderweges (E4) gehört zu den anspruchsvollsten Wanderungen von ganz Kreta. Der Wanderer braucht gutes Orientierungsgefühl; ihn erwarten steile An- und Abstiege, ausgesetzte Wegpassagen, wo Trittsicherheit und Schwindelfreiheit unbedingt Voraussetzung sind. Dazu kommen lange schattenlose, sehr heiße Wegabschnitte und kaum Trinkwasser unterwegs. Für die Übernachtung am Strand Ausrüstung und ausreichend Wasser mittragen. Ausreichend E4-Markierungsstangen, gelb-schwarze und rote Farbmarkierungen.
Einkehr/Unterkunft: Tavernen, Cafés und Zimmerangebot in Soúgia und in Agia Rouméli.
Variante: Wem die Zwei-Tages-Tour zu anstrengend ist, kann einen Teil davon genießen. Das Stück von Soúgia bis zur Abzweigung zur Kapelle Agios Antónios und hinab zum Kirchlein ist im Gegensatz zum weiteren Verlauf einfach zu wandern, landschaftlich reizvoll und empfiehlt sich als Tageswanderung. Aber auch hier kann es bereits ab dem Frühjahr sehr heiß werden; stabile Wanderschuhe und genügend Trinkwasser sind deshalb ebenfalls unbedingt notwendig.
Der größte Teil des Weges ist mit dem ersten Stück der beschriebenen Tour identisch. Für den Abstecher zur Kapelle Agios Antonios gehen wir auf dem E4 oberhalb der Kapelle an ihr vorbei. Wenn das Kirchlein bereits nicht mehr zu sehen ist, zweigt nach rechts ein gut sichtbarer, mit Steinmännern markierter Steig ab, dem wir nun folgen. Unter größeren Bäumen gehen wir anfangs abwärts, direkt Richtung Küste. An einem steileren Abbruch finden wir ein Stück des alten gepflasterten Weges; er führt uns eng an Felsen ein kurzes Stück Richtung Westen. Die letzten 5 Minuten führt uns der schmale Weg wieder unter größeren Bäu-

men nach Süden und hinaus auf die flache Halbinsel. Große Olivenbäume, eine Lichtung und das zweischiffige Kirchlein **Agios Antónios** liegen vor uns (20 Min. ab E4).
Ein schöner Platz – der Blick auf das Meer, flache Felsplatten und schmale Wasserrinnen die immer wieder von der Brandung überspült werden. Vorsicht beim Baden; Badeschuhe sind von Vorteil!
Für den Rückweg gehen wir direkt am Wasser entlang über die flachen Felsplatten Richtung Westen. Noch in Sichtweite der Kapelle, am ersten großen Felsblock direkt am Wasser, machen wir nochmals Halt und finden im Kies mehrere kleine Quellen mit klarem Wasser, die stärkste vorne unter dem Felsen. Wir bleiben nahe am Wasser und kommen nach etwa 15 Minuten an das Ende der flachen Halbinsel. Rotbraune Felsabbrüche versperren scheinbar den Weiterweg. Nahe am Wasser, dort wo sich Mauerreste eng an die Felsen ducken, gehen wir unmittelbar an der Felswand links vorbei und finden einen alten Weg, der uns in fünf Minuten durch den Felsabbruch nach oben zu einem alten Dreschplatz führt. Auf einem schmalen Felsabsatz etwa 30 m über dem Meer geht es nach links, anfangs leicht aufwärts, dann eben, weiter fast auf gleicher Höhe Richtung Westen um den nächsten Felsabbruch herum, die zahlreichen *Steinmännchen* zeigen uns den Weg. Das Gelände weitet sich zu einem flachen Taleinschnitt, der Bewuchs nimmt wieder zu und noch vor dem ersten Wäldchen führt die Wegspur weg vom Meer das flache Tal hinauf. Unter größeren Bäumen, links vorbei an einem weiteren Dreschplatz, erreichen wir am großen Steinhaufen den uns bekannten Weg (E4). Geradeaus kommen wir in die Schlucht und nach 15 Minuten Aufstieg auf dem alten Maultierweg erreichen wir wieder den Sattel.

1. Tag: Am östlichen Ortsrand von **Soúgia**, nach den letzten Häusern am Strand, zeigt eine *E4-Markierungsstange* direkt am breiten trockenen Kiesbett des Flusses die Richtung an. Hier beginnt die anspruchsvolle Küstentour. Das Bachbett wird schräg aufwärts gequert; nach ca. 100 m ist an ei-

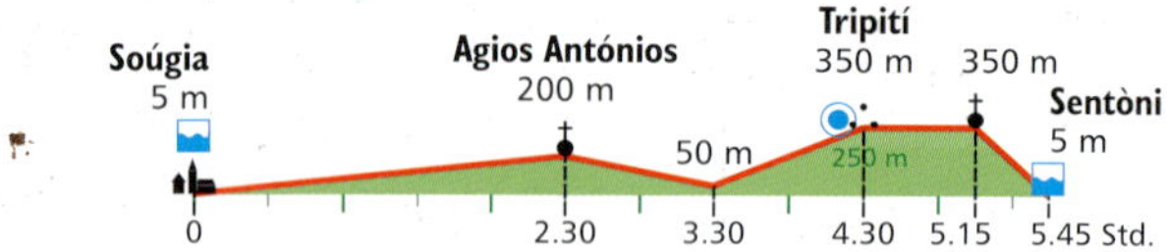

ner Mauer rote Markierung zu sehen. An Zäunen entlang, über flache Terrassen mit knorrigen Olivenbäumen aufwärts, stößt man nach einem kurzen steileren Wegstück auf eine Schotterstraße. In einer Linkskurve verlässt man die Straße wieder über einen kleinen Pfad (*E4-Tafel*) nach rechts und trifft etwas oberhalb wieder auf sie. Ihr folgen wir, bis sie auf einem flachen, kleinen Plateau mit schönem Blick auf die Bucht von Soúgia in etwa 130 Meter Höhe endet. Ab hier verläuft ein Pfad leicht abwärts durch buschiges Gelände Richtung Meer und anschließend in etwa 90 m Höhe immer parallel zur Küste nach Osten. Oberhalb der zweiten Bucht biegt der Weg nach links in ein kleines Tal. Nach kurzem steileren Anstieg in einer kleinen Schlucht erreicht er einen mit Kiefern bewachsenen Sattel (160 m Höhe); kurz vorher biegt links ein schmaler Weg nach Koustogérako ab.
In Serpentinen geht es auf einer alten Weganlage in die dahinter liegende, mit Kiefern bewachsene Schlucht hinab, an einer Höhle (im Inneren eine improvisierte Höhlenkirche) vorbei und 40 m weiter, nach einer Linkskurve

Soúgia.

(hier direkt rechts neben dem Weg markiert eine Steinpyramide den Rückweg von der Kapelle Agios Antónios), wieder Richtung Osten. Weiter an der Küste entlang über längst aufgelassene Terrassen wieder leicht ansteigend nach oben. Etwa 60 m tiefer, unterhalb eines Steilabbruches, liegt auf einer Halbinsel das Kirchlein **Agios Antónios**. Nachdem wir bereits an dem Kirchlein vorbei sind und es nicht mehr zu sehen ist, zieht sich ein flacher Hang, dicht bewachsen mit Gestrüpp und Bäumen, hinab zur Küste. Hier hinab beginnt der Weg zur Kapelle (Variante). Der E4 kommt dem vor uns aufragenden steilen Höhenrücken des Kap Tripití immer näher, er führt fast bis zu einer engen Bucht hinab ans Meer. Anschließend geht es steil in Serpentinen die Schlucht hinauf, über Felsblöcke unter großen Kiefern nach oben, bis der Weg schließlich Richtung Meer abbiegt, sich an einem Wegkreuz durch ein Felsentor zwängt und uns an einer kleinen, gefassten Quelle (im Sommer nur sehr spärlich) vorbeibringt. Nach einer Serpentine über einen dicht mit Ginster bewachsenen Hang hinauf auf den Sattel zu den Ruinen des venezianischen Kastells von **Tripití**. Über den weiten Hang verstreut liegen die Ruinenreste der antiken Stadt Pikilassos.

Der E4-Küstenweg.

Direkt am Kastell vorbei, weiter bergauf, gelangt man zur Gipfelkapelle Profítis Ilías, mit grandiosem Aussichtspunkt (hin- und zurück 30 Min.).
Vom Sattel geht es über Geröll zwischen Kiefern steil hinab in die Schlucht von Tripití und auf einer Schotterpiste nach rechts an zwei Hütten vorbei zum Meer (betonierte Anlegestelle für Boote). Mit *E4-Zeichen* gut markiert, führt der Weg direkt am Meer entlang durch ein Gewirr von Felsblöcken, über Platten und oft auch durch die Gischt der Brandung (bei stürmischer See nicht möglich!). Nach der Felsetappe kommen wir zu einer kleinen Bucht mit dem **Sentóni Strand**.

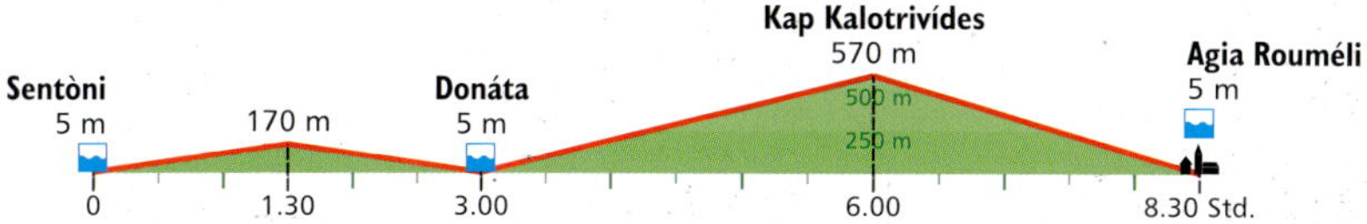

Die Kapelle Agios Antónios.

2. Tag: Nach dem eingezäunten Haus, noch vor dem Strand, steigt der Weg gut markiert an der Küste den Hang hinauf, zuerst über eine größere Ebene und dann wieder zur nächsten Bucht hinab bis auf etwa 30 m Höhe. In dieser Höhe umgehen wir die Bucht auf bröckeligem Untergrund. Danach steigt der Pfad an und führt durch rutschigen Schotter, bis an einem Felseinschnitt ein Gatter den Weg versperrt. Nach einem steilen Geröllanstieg geht es weiter auf einem luftigen Felsband (Trittsicherheit und Schwindelfreiheit!). Danach auf eine schräge Ebene, abwärts zu einer kleinen Schlucht und an deren Gegenhang wieder hinauf. An der Weggabelung unbedingt der linken Abzweigung folgen (Markierung kommt später), dann über einen mit Ginster und Thymian bewachsenen Hang hinauf zu einem Sattel (160 m) hinter dem Mávri Hügel. Auf der Ebene ein Stück weiter, dann steil abwärts in eine Schlucht mit Schotterwänden, bis zum Meer. Auf feinstem Kies und Schotter durchwandert man am Strand entlang die fast 1 km lange wunderbare **Donáta Bucht**.
Am östlichen Ende, gut mit *E4-Zeichen* markiert, geht es links durch eine kleine Schlucht mit kräftigem Anstieg hinauf auf die Höhe des Schotterplateaus über dem Strand. Dort biegt der Weg halb rechts ab und führt schließlich steil den baumlosen, mit niedrigem Gebüsch bewachsenen Hang hin-

auf, bis zur 570 m hohen Kuppe vom Kap Kalotrivídis. Hier enden vorerst die E4-Stangen. Ein schmaler Weg leitet in einen Kiefernwald, erst eben, den Hang querend, dann leicht abwärts in eine Schlucht hinein, vereinzelt mit Steinmännchen markiert. Achtung: Fünf Minuten nach der Kuppe scheint der Weg eine 150-Grad-Kehre nach rechts zu machen, ist mit Steinmännchen markiert und führt wieder nach unten – nicht diesem Weg folgen, sondern unbedingt weiter weglos geradeaus gehen. Etwa nach 50 m tauchen wieder *Steinmännchen*, *rote Markierung* und ein schmaler Weg auf, der im Schatten von Kiefern und Zypressen zu einem auf fast 500 m liegenden Talboden führt. Auf der anderen Talseite geht es bergauf wieder Richtung Meer. Ein Stück geradeaus, dann in vielen Serpentinen weiter bergauf bis zu einer Felsnase (570 m).
Ab hier senkt sich der Weg, in leichtem Auf und Ab einen steilen Hang querend, auf das tief unten liegende Meer zu. Erstmals taucht **Agia Rouméli** auf und es gibt wieder *E4-Markierungen*. Über Schotterfelder unter großen Kiefern geht es später steil nach unten, der Weg bleibt aber noch hoch über dem Meer, ein Gegenanstieg von 50 m folgt. Ausgesetzt auf rutschigem Untergrund dann weiter abwärts und querend bis zum Kiefernwald direkt über Agia Rouméli. Steil abwärts, noch etwas rutschig, direkt hinab zu den Häusern am Meer.

Das Kirchlein Agios Pávlos, im Hintergrund rechts der Strand von Agia Rouméli.

23 Von Agia Rouméli nach Hóra Sfakíon I

7.30 Std.

Der Küstenweg (E4-Markierung)

Der wohl bekannteste und mit schönste Abschnitt der Südküste eignet sich als Wanderung vor allem auch wegen seiner guten Erreichbarkeit durch die Schiffsverbindungen und durch die Möglichkeit, die Strecke an mehreren Stellen zu unterbrechen, in Tavernen einzukehren und auch zu übernachten. Zudem ist der Wegverlauf sehr übersichtlich und das Gelände ziemlich einfach.

Ausgangspunkt: Agia Rouméli, am Ausgang der Samariá-Schlucht an einem schmalen Kiesstrand unterhalb der gewaltigen Steilabbrüche der Weißen Berge gelegen. Schiff: siehe Tour 22.
Endpunkt: Hóra Sfakíon, 5 m, Bus: Hóra Sfakíon – Haniá mehrmals täglich, Hóra Sfakíon – Plakiás einmal täglich.
Höhenunterschied: 600 m.
Anforderungen: Insgesamt ein unschwieriger Küstenweg, jedoch kurze felsige Passagen, bei denen Trittsicherheit und Schwindelfreiheit notwendig sind, längere Wegstrecken im Sand bzw. im Kies, gutes Schuhwerk erforderlich, nur wenig Schatten. Markierungen E4.
Einkehr/Unterkunft: In Agia Rouméli, Fínix, Loutró, Hóra Sfakíon; Taverne Saint Paul bei Agios Pávlos (nur saisonal).
Hinweis: Im Sommer extreme Temperaturen und wenige Schattenplätze. Deshalb ist es im Sommer und Herbst ratsam, genügend Trinkwasser mitzunehmen.
Tipp: Kapelle Sotíros Christós bei Loutro auf der Halbinsel auf dem Gelände der antiken Stadt Phoenix – zahlreiche Grundmauern, Bögen und Gebäudereste zeigen eindrucksvoll Ausdehnung und Lage dieser einst großen Stadt (20 000 Bewohner).

In **Agia Rouméli** von der Bootsanlegestelle vor der Taverne Richtung Osten. Bei der Mauer, die den Bach aus der Samariá-Schlucht umgibt, nach rechts bis zum Ende, das Bachbett durchqueren und den Weg auf der anderen Seite fortsetzen; Markierung E4. Der sandige Pfad führt meist 20 bis 50 m oberhalb des Kiesstrandes den Dünen entlang nach Osten. Mal steinig, mal sandig und öfters über große Felsblöcke hinweg, wandern wir ein längeres Stück unter großen Kiefern den Hang entlang. Zum Schluss steigen wir zum Kies- und Sandstrand hinab, nach 1¼ Stun-

Ein Linienschiff verlässt den Hafen von Loutró. Im Hintergrund Hóra Sfakíon.

den erreichen wir die kleine Taverne Saint Paul (während der Saison geöffnet), 5 Minuten später das kleine Kirchlein **Agios Pávlos**. Direkt unterhalb der Kirche strömt, meist bis in den Sommer hinein, kaltes Quellwasser aus dem Sand; nur bei stärkerem Seegang werden diese Stellen vom Meerwasser überschwemmt. Hier ist auch die letzte Bademöglichkeit, da der Weiterweg nun fast immer oberhalb des Geländeabbruches verläuft. Direkt hinter der Kirche halten wir uns ein kurzes Stück steil über die Sanddüne hinauf

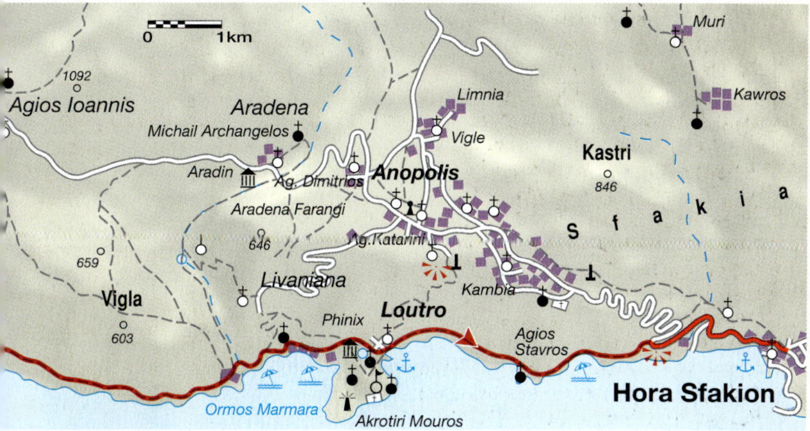

Am Ausgang der Arádhena-Schlucht.

auf den unter großen Pinien verlaufenden Weg. Meist eben, mit weitem Ausblick auf das etwa 100 m tiefer liegende Meer, wandern wir so dahin, bis wir nach etwa 30 Minuten (ab Kirche) an die Wegverzweigung nach **Agios Ioánnis** kommen. Wir bleiben auf dem unteren Weg, der uns nach ein paar Minuten zu einer großen Zisterne führt. Eine von oben herabziehende Schlucht wird auf einem etwas luftigen, felsigen Wegstück durchquert – der schmale Pfad erreicht hier, in gut 150 m Höhe, den höchsten Punkt und verläuft weiter durch den freien Hang. 2 Stunden nach der Weggabelung stehen wir am Ende der tief eingeschnittenen Arádhena-Schlucht, die in eine wunderbare kleine Felsenbucht mündet – die **Mármara-Bucht**. Weiße Marmorbänke, eine kleine weiße Kapelle und türkisblaues Wasser zeichnen den beliebten Badeplatz für Sonnenhungrige aus dem nahen Loutró aus. Vorbei an neu gebauten Steinhäusern (Übernachtungsmöglichkeit, Getränke, Imbiss) führt ein kurzer steiler Abstieg direkt in die Bucht hinein. Ein Blick nach links zwischen die beiden steil aufragenden Wände der Arádhena-Schlucht, und schon geht es wieder über Felsplatten hinauf. Das letzte Steilstück bringt die schwierigsten Meter der ganzen Wanderung. Sehr luftig, knapp neben den 50-m-Abbrüchen zum Wasser verläuft der

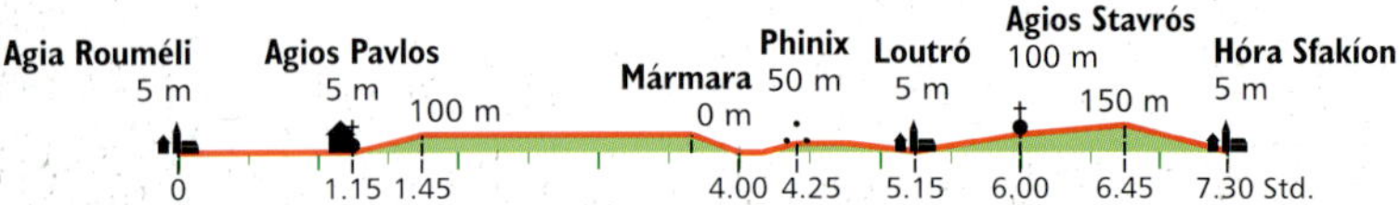

Weg auf einer Geländeterrasse und fällt steil ab zum Strand. Bei diesem Abstieg müssen die Hände zu Hilfe genommen werden. Nun am Strand entlang auf die schon sichtbaren Häuser zu, direkt über die Terrasse der letzten Taverne und über die steile Haustreppe hinauf auf den Hang oberhalb. Ein weiterer Hügel muss überquert werden – weiter oben im Hang sehen wir das Dorf Livanianá, unter uns die idyllisch gelegene Taverne von Fínix, dort wo der antike Hafen der gleichnamigen Stadt lag. Es folgt ein kleiner Gegenanstieg zur markanten Ruine des venezianischen Kastells hinauf, dann tut sich ein wunderbarer Ausblick auf das unter uns liegende, malerische Dorf **Loutró** auf. Nach 10-minütigem Abstieg sitzen wir an der Hafenmole in einer der zahlreichen Tavernen. Am östlichen Rand, bei der Taverne Tokrikri, führt der Weg durch ein Holztor, dann links den Hang hinter dem Dorf ein Stück hinauf (*rote Markierung*) und verläuft dann sehr aussichtsreich, fast auf gleicher Höhe, weiter nach Osten. Nach dem Abstieg zu einem längeren Strandstück geht es etwas oberhalb des Meeres knapp an der Kapelle **Agios Stavrós** vorbei (ab Loutró 45 Min.). Ein kurzer, steiler Abstieg bringt uns wiederum zu einer lang gezogenen Badebucht mit mehreren Süßwasserquellen (im Sommer ein Kiosk und Bootsverbindung nach Hóra Sfakíon und Loutró). Etwas mühsam, über Felsen und Kies, erreichen wir einen Steilabbruch, der von einem in den Felsen gehauenen Weg überwunden wird. Einige Serpentinen führen nach oben auf die von Anópolis kommende Fahrstraße. Die eher eintönige Teerstraße bringt uns in 45 Minuten nach **Hóra Sfakíon**.

Die Inlingías-Bucht ist die letzte herrliche Bademöglichkeit vor Hóra Sfakíon.

24 Von Agia Rouméli nach Hóra Sfakíon II

8.00 Std.

Über dem Libyschen Meer und unter den Weißen Bergen

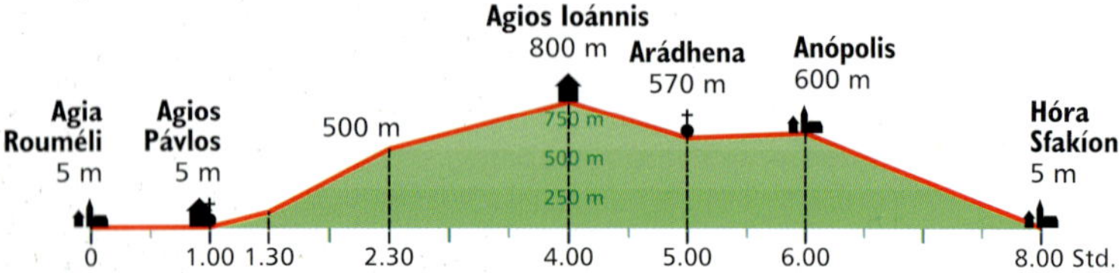

Über dem Bergdorf Anópolis am Südhang der Weißen Berge liegt noch heute der Geist von Freiheit und Unabhängigkeit, den die tapferen Sfakioten Jahrhunderte im Widerstand gegen die türkische Fremdherrschaft bewahrt haben. Von hier treiben sie ihre Viehherden auf die kargen Weidegebiete der Weißen Berge. Und keiner kennt die Pfade über die Berge besser als sie.

Ausgangspunkt: Agia Rouméli, siehe Tour 23.
Endpunkt: Hóra Sfakíon, siehe Tour 23.
Höhenunterschied: 830 m.
Anforderungen: Ausdauer erfordernde Wanderung. Langer Anstieg nach Agios Ioánnis. Ausreichend Wasser mitnehmen.
Einkehr/Unterkunft: Restaurants/Zimmer in Agia Rouméli, Anópolis und Hóra Sfakíon. Taverne Saint Paul bei Agios Pávlos (nur saisonal). Kafeníon in Agios Ioánnis.
Varianten: Statt Aufstieg nach Agios Ioánnis am Meer entlang nach Hóra Sfakíon (Tour 23). Von Arádhena Abstieg durch die Schlucht ans Meer möglich und weiter an der Küste. Statt Abstieg von Anópolis nach Hóra Sfakíon Abstieg nach Loutró und an Küste nach Hóra Sfakíon.

Der Weganfang ist bis zur **Wegabzweigung nach Agios Ioánnis** identisch mit Tour 23. Hier vom Küstenweg nach links (*gelb markiert*)! Der Weg schlängelt sich steil nach oben und verbreitert sich nach etwas mehr als einer Stunde schweißtreibenden Anstiegs, die alte Pflasterung kommt zum Vorschein. Nur noch leicht ansteigend führt der Weg durch Kiefern und Zypressen, bis er kurz vor **Agios**

Die Stahlträgerbrücke über die Arádhena-Schlucht.

Ioánnis auf die Kirche der Panagia (rechts) stößt. In der kleinen Kapelle links sind einige hübsche Deckenfresken zu sehen.
Dort, wo der Weg auf die neue Straße nach Arádhena trifft, hat man aus der ehemaligen Schule ein Kafeníon gemacht. Wir können uns entscheiden, ob wir den Weg auf der Straße (5 km bis Arádhena) oder den teilweise gepflasterten Weg, der rechts unterhalb der Straße verläuft, nehmen. Das Dorf

Beim Aufstieg nach Agios Ioánnis fällt der Blick zurück auf die Bucht von Agía Rouméli.

oberhalb der tief eingeschnittenen Arádhena-Schlucht ist fast verlassen. Sehenswert ist die Kirche des Erzengels Michael. Über die neue Stahlträgerbrücke kommen wir auf die andere Seite der Schlucht. 800 m nach der Brücke zweigt vom Fahrweg nach rechts der Fußweg nach **Anópolis** ab. Zwei Kafenía finden wir im Ort, am Ortsausgang Richtung Anópolis gibt es auch ein Restaurant.

Auf der Teerstraße nach Hóra Sfakíon verlassen wir Anópolis. Nach dem Ortsendeschild gehen wir 10 Minuten auf der Straße, bis bei einer Haarnadelkurve links eine Schotterstraße abwärts zu einem Pumpenhäuschen (langer Stall gegenüber) führt. An der ersten Abzweigung rechts. An einer zweiten Pumpstation endet der Fahrweg und führt als Pfad weiter (Steinmännchen) in eine Schlucht. Erst am rechten, dann am linken Rand und später auf dem Schluchtgrund weiter. Eine Stunde nachdem wir Anópolis verlassen haben, stoßen wir auf eine breite, zum Meer verlaufende Schlucht (**Inlingías-Schlucht**). Gegenüber lässt sich gut der Weiterweg erkennen, auf dem wir in 30 Minuten Hóra **Sfakíon** erreichen.

Die Kirche des Erzengel Michael in Arádhena.

25 Durch die Arádhena-Schlucht ins Bergdorf Anópolis

6.15 Std.

Rundwanderung von Loutró über Arádhena nach Anópolis

Das Gebiet um Loutró bietet ganzjährig eine faszinierende Mischung aus Baden und Wandern, und alles auf dem geschichtsträchtigen Boden der alten Stadt Phönix.

Ausgangspunkt: Loutró, idyllisch gelegenes Dorf an der Südküste zwischen Horá Sfakíon und Agia Rouméli, nur mit dem Boot oder zu Fuß erreichbar. Bus: Nach Horá Sfakíon mehrmals täglich, Anópolis zweimal täglich. Schiff: Von Horá Sfakíon nach Loutró mehrmals täglich.
Höhenunterschied: 700 m.
Anforderungen: Lange Wanderung, keine gute Weganlage, aber leichte Orientierung, die Schluchtbegehung ist an wenigen Stellen schwierig, viele kurze Kletterpassagen. Gutes Schuhwerk notwendig, in der Schlucht teilweise Schatten, sonst sehr sonnig. Trinkwasser nur in den Tavernen und Ortschaften sowie an einer kleinen Quelle in der Schlucht. Ganzjährig möglich.
Einkehr/Unterkunft: In Loutró, Fínix, Mármara, Anópolis zahlreiche Tavernen und Pensionen; Hotel Plátanos.
Tipp: Reste der antiken Stadt Arádhena und die Kapelle Agia Kateríni oberhalb von Anópolis mit einer wunderbaren Aussicht.

Am westlichen Rand des Dorfes **Loutró** führt von der Hafenmole ein Fußweg im engen Zickzack den steilen Hügel hinauf, überquert die Anhöhe, vorbei an der großen Zisternenanlage, und führt oberhalb der Taverne von Sifis an der Bucht von Fínix vorbei. Ein weiterer Hügel wird überschritten (Abzweigung zum Dorf Livaniana, blau markiert), und es geht abwärts zur Taverne (*rote Markierung*), über die Terrasse und ein Stück am Strand entlang. Es folgt ein kurzer, etwa 50 m felsiger und luftiger Aufstieg und nach einer Querung von 10 Minuten und kurzem Abstieg erreichen wir die **Mármara-Bucht**, ideal für ein erfrischendes Bad (bis hierher *E4-Markierung*). Direkt vom Kiesstrand an der Kapelle vorbei wandern wir eben im Bachbett in die **Arádhena-Schlucht** hinein. Zu beiden Seiten erheben sich bis zu 200 m hohe, teils überhängende, gelbliche und rötliche Felswände. Der erste Teil der Schlucht ist sehr schattig und auch im Sommer angenehm, auf meist ebenem Kiesboden geht es den engen Canyon leicht bergauf. Felsblöcke und Gestrüpp behindern beim Wandern, und wir müssen

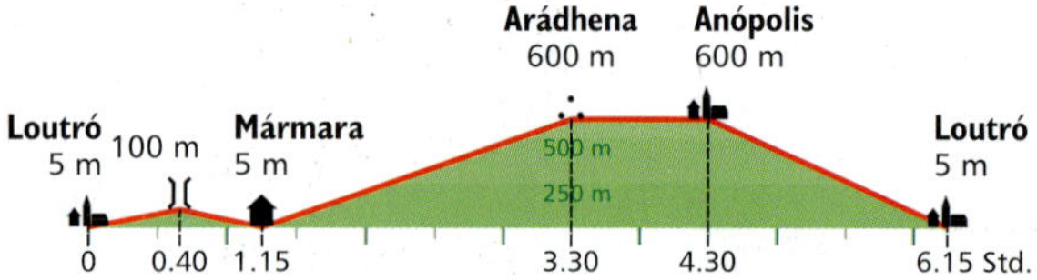

öfters die Hände zu Hilfe nehmen. An unübersichtlichen Stellen erweisen sich die *Steinmännchen* als hilfreiche Markierungen. Nach 45 Minuten (ab Mármara-Bucht) entdecken wir unter einem großen Felsblock eine kleine Quelle, an ihr vorbei erreichen wir nach weiteren 15 Minuten einen größeren *Talkessel* (rechts über den Hang eine Aufstiegsmöglichkeit zum Dorf Livanianá). Das Tal wird wieder enger, die Schlucht zieht sich in Windungen in die Berge hinauf. Die Kletterstellen werden häufiger, wobei es sich meist um leichte Kletterpartien über große, feste Kalkblöcke handelt. Im oberen Teil, nach insgesamt 1¾ Stunden Schluchtbegehung versperren plötzlich gewaltige Felsblöcke den weiteren Weg. Mit Hilfe von Seilen und einer Eisenkette musste man früher die 12 m hohe Barriere überwinden, heute geht es mühelos über Leitern nach oben. Danach steigen wir etwa 20 Minuten relativ steil über große Felsblöcke und viel Geröll weiter bergan, bis wir hoch über uns die neue Eisenbrücke der Verbindungsstraße Anópolis – Arádhena sehen. Nur noch 15 Minuten, dann quert der alte Fußweg die Schlucht. Auf der linken Schluchtseite führt der schöne Pflasterweg in vielen Kehren hinauf in das 600 m hoch gelegene Dorf **Arádhena**, das auf den

Ruinen der großen antiken Stadtanlage steht. Sehenswert die Erzengel-Michael-Kirche (Fresken aus dem Jahre 1546).
Durch die Ruinen auf die Fahrstraße und über die Eisenbrücke auf die andere Schluchtseite Richtung Anópolis. Entweder immer dieser Schotterstraße entlang (3,5 km) in etwa einer Dreiviertelstunde in das schön gelegene Bergdorf **Anópolis** oder nach 500 m rechts vor einer Steinmauer der *roten Markierung* folgend auf dem alten gepflasterten Fußweg in der gleichen Zeit ebenfalls dorthin. Anópolis nimmt den gesamten grünen Talgrund ein und hat bis jetzt diesen ruhigen, gelassenen Charakter trotz beginnendem Tourismus bewahrt.

Die atemberaubende Felskulisse der Arádhena-Schlucht.

In einem weitläufigen, sehr fruchtbaren Talboden liegt Anópolis.

Vom Dorfplatz – in der Mitte das Denkmal des Widerstandskämpfers Daskalojannis – wandern wir an der Taverne vorbei, der schmalen Teerstraße folgend, auf den südlichen Ortsrand zu, den steilen Hügel hinauf. Auf der Anhöhe angelangt (10 Min.), verzweigt sich der Weg. Es lohnt sich ein kurzer Abstecher zum 100 m höher gelegenen Kirchlein **Agia Kateríni** (680 m), von dem man einen wunderbaren Ausblick auf die gesamte Region der Südküste hat und fast den ganzen Verlauf der Wanderung überblicken kann. Geradeaus in vielen Kehren hinab zum 650 m tiefer liegenden Loutró. Vom östlichen Ortsrand von Anópolis mündet 10 Minuten unterhalb der Kapelle von links ein Weg ein.
Kurz vor Loutró verzweigt sich unser Weg (die rote Markierung führt auf die Halbinsel oberhalb von Loutró, wo das verfallene Kastell liegt), hier links hinab nach **Loutró** (15 Min.).

26 Livanianá und die Arádhena-Schlucht

3.00 Std.

Lohnende Rundwanderung über Livanianá in die Schlucht

Vom kleinen Bergdorf Livanianá mit bezauberndem Ausblick auf die Küste führt ein kurzer Abstieg in den schönsten Teil der Arádhena-Schlucht und weiter zu einer einladenden Badebucht.

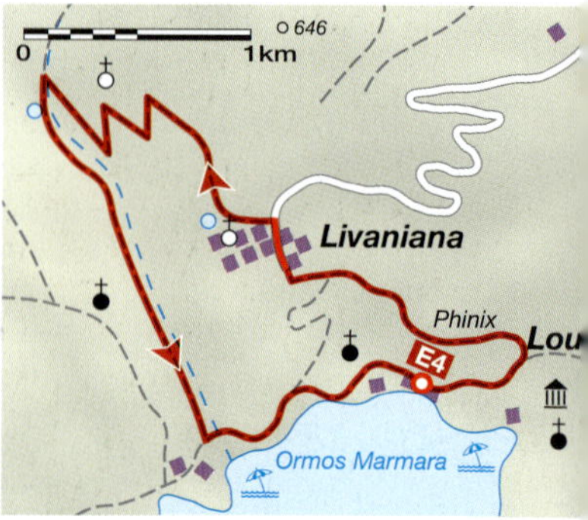

Ausgangspunkt: Fínix, der ehemalige Hafen des antiken Phoenix, westlich von Loutró (30 Min. von Loutró). Bus: Vrísses – Hóra Sfakíon mehrmals täglich. Schiff: In der Saison von Hóra Sfakíon über Loutró nach Agia Rouméli mehrmals tägl.; Sífis aus Fínix befördert auf Wunsch seine Gäste per Boot von und nach Loutró oder Hóra Sfakíon.
Höhenunterschied: 350 m.
Anforderungen: Mittelschwierige Wanderung, teilweise ohne Weg, in der Schlucht leichte Kletterstellen über Blockgestein, an der Küste kurze ausgesetzte Passagen; wenig Schatten, das ganze Jahr über möglich (im Sommer wegen der Hitze früher Aufbruch empfohlen).
Einkehr/Unterkunft: In Fínix und Loutró Zimmer und viele Tavernen; Tavernen in Marmara.
Tipp: Der Hügel zwischen Loutró und Fínix war Standort der großen Stadt Phoenix (20.000 Bewohner), zahlreiche Grundmauern und Mauerreste mit der schön gelegenen Sotíros-Christós-Kapelle.

Direkt von der am Wasser gelegenen **Taverne** von Sífis führt der Weg hinauf und stößt nach wenigen Minuten auf den Weg Loutró – Agia Rouméli, auf der Scheitelhöhe eines kleinen Hügels. Während die Route von Loutró kommend hinab zur nächsten Taverne führt, verläuft unser Weg jetzt *blau markiert* weiter den steiler werdenden Hang hinauf; ein Stück höher verläuft die neue Straße zum Dorf. Die alte Weganlage, gepflastert, mit Stützmauern versehen, ist noch zu sehen. Der Weg erreicht **Livanianá** oberhalb der rechts gelegenen Häuser und führt eben in das Dorf hinein. Im Zickzack und über Stufen hinauf zur Kirche, dem höchsten Punkt des Dorfes, 350 m. Neben der Kirche befindet sich eine große Zisterne. Oberhalb der Kirche, an den großen **Felsplatten**, verzweigt sich der Weg. In 20 Minuten kann man rechts hinauf zur erwähnten neuen Straße aufsteigen und erreicht in einer weiteren Stunde Anópolis. Zunächst links über den ebenen Rücken und dann hinab über Terrassen auf die unter uns liegende Arádhena-Schlucht zu. Nach dem ersten Gatter sofort steil links abwärts. Am linken Rand des steilen Hanges führt der Weg unterhalb der rötlichen Felsen auf den Talgrund zu. Kurz vor Erreichen des Talgrundes quert er den Hang nach rechts und erreicht bei einem großen, einzeln stehenden Olivenbaum das trockene **Bachbett** (¾ Std. ab Kirche). Immer im Talgrund wandern wir schluchtabwärts, *Steinmännchen* markieren den Weg. Nach 10 Minuten erreichen wir eine kleine Quelle unter großen Felsen. Leichte Klettereien über großes Blockgestein, sonst im Kiesbett hinab zum Meer. Nach 1 Stunde ist die **Mármara-Bucht** erreicht, eine Kapelle, mehrere kleine Steinhäuser (Einkehr- und Übernachtungsmöglichkeiten). Der Kiesstrand wird von glatten, weißen Marmorfelsen eingerahmt, ist aber in der Saison spätestens ab Mittag stark frequentiert von Badegästen aus dem nahen Loutró. Auf dem bereits beschriebenen Küstenweg (s. Tour 23, *E4-Markierung*) gelangen wir in einer ¾ Stunde zurück nach **Fínix**.

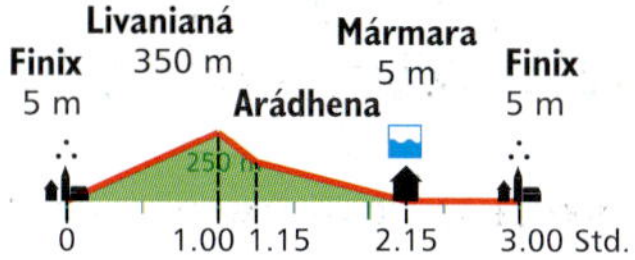

Blick auf das in einer idyllischen Bucht gelegene Fischerdorf Loutró.

27 Von Hóra Sfakíon nach Anópolis

2.00 Std.

Durch die Anópolis-Schlucht ins Bergdorf der Sfakioten

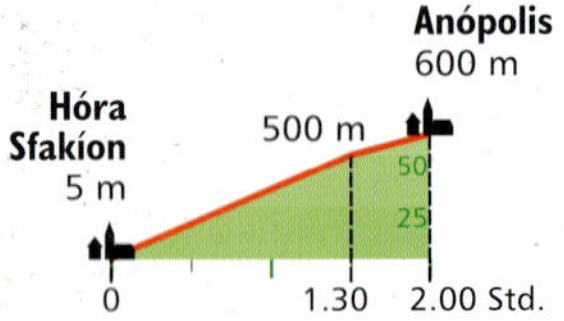

Verborgen vor den Serpentinen der Fahrstraße führt uns der Weg vom umtriebigen Hóra Sfakíon durch eine wilde Schluchtlandschaft hinauf zu den Weideflächen von Anópolis. Alte Wegstücke in der Inlingías-Schlucht sind Zeugen eines einst viel begangenen Weges.

Ausgangspunkt: Hóra Sfakíon, 60 m hinter dem letzten Haus auf der Straße nach Anópolis.
Endpunkt: Anópolis. Bus Hóra Sfakíon – Anópolis zweimal täglich.
Höhenunterschied: 600 m.
Anforderungen: Unschwierige Wanderung auf altem Verbindungsweg. Mehrere Kletterpassagen von 2–3 m. Gutes Schuhwerk.
Einkehr/Unterkunft: Restaurants und Zimmer in Hóra Sfakíon und Anópolis.
Variante: Bei der 3. Pumpstation in einer Linkskurve auf die Asphaltstraße und auf dieser in den Ort. Belohnung: nochmals ein herrlicher Blick auf Hóra Sfakíon und die Südküste bis über Frangokástello hinaus. Von den ersten Häusern bis zum Ortskern dann noch 20 Min.
Tipp: Von Hóra Sfakíon mit dem Auto bis zur ersten scharfen Linkskurve, von der eine Asphaltstraße zum Meer führt (Inlingías-Schlucht) Hier gibt es eine Parkmöglichkeit und am Strand eine Taverne.

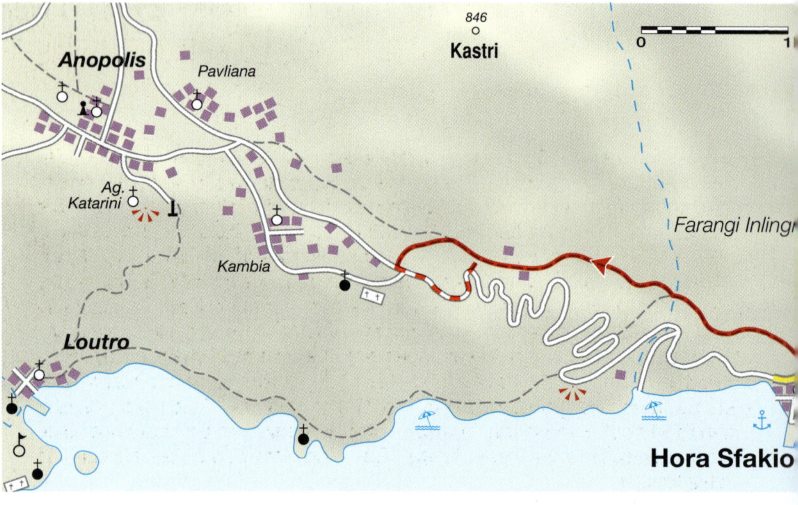

Gut erhaltenes Wegstück in der Inlingías-Schlucht.

Der alte Weg beginnt 60 m hinter dem letzten Haus in **Hóra Sfakíon** auf der Teerstraße nach Anópolis. Rechts an einer Abbruchkante hinauf zu einem versteckten Weg, der wenig später gepflastert ist und dem wir aufwärts bis zu einer Schotterstraße folgen. Hier links und weiter bis zu einer scharfen Linkskurve. Hier liegt rechts der Einstieg in die **Inlingías-Schlucht**, die wir auf der anderen Seite wieder leicht ansteigend in eine Nebenschlucht – die **Anópolis-Schlucht** – verlassen. Diese aufwärts (zunächst am Grund, später auf der rechten, dann linken Seite) bis zum Ende, wo wir auf eine **Pumpstation** treffen. Von hier auf einer Schotterpiste an einer weiteren Pumpstation vorbei zu einem Schafpferch. Bei der 3. Pumpstation von der Schotterpiste ab, den Pfad geradeaus hoch zur Asphaltstraße. Diese überquerend einen Pfad hoch zu Sendeanlagen. Rechts an diesen vorbei, dann an einer Steinmauer entlang zu einem Gatter. Der Weg kommt am Restaurant Tria Adelfia heraus.

28 Durch die Imbros-Schlucht

2.30 Std.

Eine Schlucht zum Anfassen

Auf kaum einer Insel des Mittelmeeres finden sich so viele Schluchten wie auf Kreta – unser Augenmerk muss deshalb nicht ausschließlich auf die überlaufene Samariá-Schlucht gerichtet sein. Eine gleichermaßen kurze wie einfache Schluchtwanderung führt durch die in der Nähe Hóra Sfakíons gelegene Imbros-Schlucht.

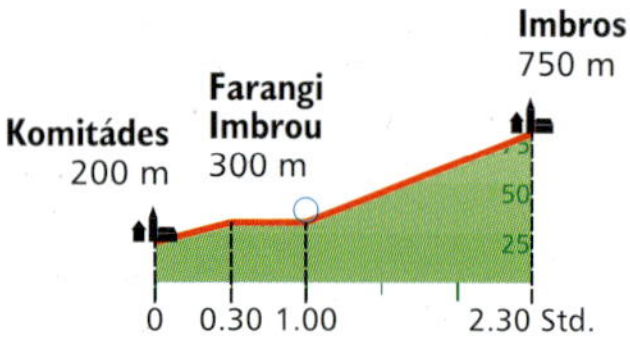

Ausgangspunkt: Östlicher Ortsausgang von Komitádes, 5 km von Hóra Sfakíon. Bus: Hóra Sfakíon – Komitádes zweimal täglich.
Endpunkt: Imbros, 750 m, Bus: Hóra Sfakíon – Imbros mehrmals täglich.
Höhenunterschied: 550 m.
Anforderungen: Unschwierige Wanderung auf dem Schluchtgrund.
Einkehr/Unterkunft: Restaurant und Zimmer in Komitádes, Kafeníon und Zimmer in Imbros.
Variante: Die Askífou-Ebene ist Ausgangspunkt für die Besteigung des Kástro.
Hinweis: Für die Begehung wird Eintritt kassiert.

Vor der engsten Stelle der Imbros-Schlucht.

Wir beginnen unseren Weg am östlichen Ortsschild von **Komitádes** (Hinweisschild: »*to Imbros-Gorge*«). Anfänglich geht es über Flusskiesel – das Laufen darauf ist nicht immer angenehm. Doch bereits nach 20 Minuten verengen sich die Schluchtwände und weitere 10 Minuten später kommt der alte, gepflasterte Weg der traditionsreichen Verbindung von der Nord- zur Südküste zum Vorschein – auf ihm läuft es sich dann wesentlich besser. Schließlich wird unser Blick von einem mächtigen **Felsentor** gefangen.

Zypressen begrünen nun mehr und mehr die hoch nach oben strebenden nackten Schluchtwände, zwischen denen vereinzelt Bergziegen ihre Wege suchen. Sie sollten nicht unbeachtet bleiben, da sie hin und wieder einen Stein auslösen können.

Nach gut einer Stunde gemütlichen Aufstiegs kommen wir zu einer Zisterne und Viehtränke. Die Schlucht wird nun so eng, dass wir mit ausgestreckten Armen die Schluchtwände berühren können. Doch bald treten die Felsen zurück und die Schlucht läuft schließlich ganz sachte nach oben hin aus. Nach einer Wanderzeit von insgesamt 2½ Stunden erreichen wir die Häuser von **Imbros**. Es ist der südlichere der Orte auf der 780 m hoch gelegenen Ebene, über die die Passstraße von Hóra Sfakíon nach Vrísses führt. Hier wachsen Walnussbäume, angebaut werden Kartoffeln und Getreide, aber auch Wein.

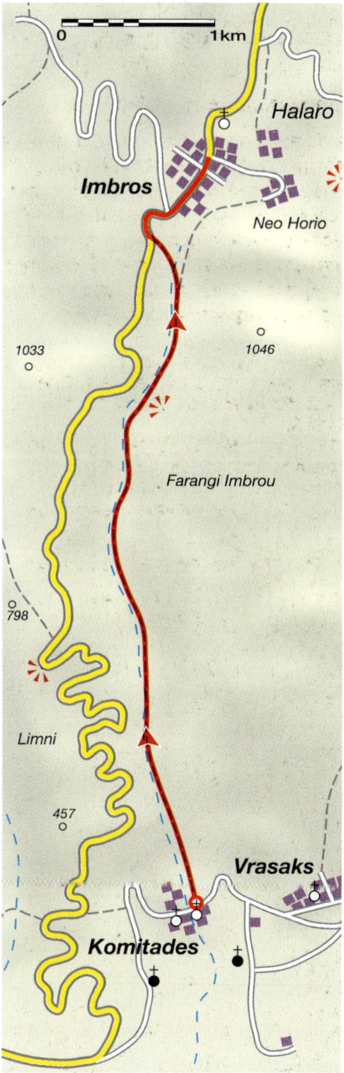

29 Durch die Asfendóu-Schlucht

5.00 Std.

Auf jahrhundertealten Verbindungswegen zur Südküste

Zu den beeindruckendsten Routen auf Kreta gehört die Fahrt von Haniá nach Hóra Sfakíon an der Südküste. Nach dem schattigen, unter hohen Platanen gelegenen Ort Vrísses, was so viel wie Wasserhähne bedeutet, schraubt sich die Straße in endlos scheinenden Serpentinen hinauf, bis ein Passübergang auf 800 m Höhe den Blick auf die von Bergen umschlossene Ebene freigibt. Am nördlichen Rand der Askífou-Ebene liegt das Dorf Karés (Ruine einer türkischen Festung). Wie die anderen Dörfer dieser Ebene wurde auch Karés wegen des winterlichen Schmelz- und Regenwassers am Rande der Ebene gebaut. Einer der ältesten Verbindungswege der Dörfer der Askífou-Ebene mit dem Dorf Asfendóu oberhalb der Südküste nimmt hier seinen Anfang und führt uns anfangs quer über die fruchtbare Ebene.

Ausgangspunkt: Südöstliches Dorfende von Karés (Askífou-Ebene). Bus: Vrísses – Karés – Hóra Sfakíon mehrmals täglich.
Endpunkt: Agios Nektários, 200 m, Bus: Agios Nektários – Hóra Sfakíon einmal täglich.
Höhenunterschied: Aufstieg 300 m, Abstieg 800 m.
Anforderungen: Unschwierige, aber Ausdauer erfordernde Wanderung. Gutes Schuhwerk, ausreichend Verpflegung.
Einkehr/Unterkunft: Zimmer und Tavernen in Amoudári (Askífou-Ebene), Hóra Sfakíon und Frangokástello.
Varianten: Von Asfendóu besteht die Möglichkeit, über Kallikrátis durch die Kallikratianó-Schlucht nach Patsianós abzusteigen (siehe Tour 30).
Tipp: 6 km nach Vrísses lohnt sich ein Abstecher zu dem 1 km von der Passstraße entfernten Dorf Alíkambos mit ungewöhnlich gut erhaltene Fresken des bekannten byzantinischen Kirchenmalers Pagomenos aus den Jahren 1315–1316 in der kleinen Panagia-Kirche.

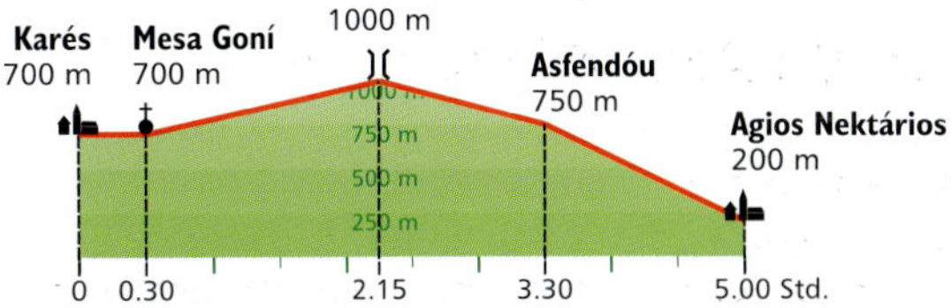

Wir gehen von der Asphaltstraße durch das Dorf hinab bis zum letzten Haus (drei flache Betondächer) am südöstlichen Ortsrand. Direkt danach beginnt die **alte Straße**, die streckenweise noch die alte Pflasterung aufweist und immer noch befahren wird. Auf ihr starten wir unsere Wanderung durch die fruchtbare Ebene in Richtung Mesa Goní. Nach gut 500 m gehen wir zuerst nach links, dann nach rechts unterhalb der türkischen Festung vorbei in den Taleinschnitt hinein. So erreichen wir nach 25 Minuten das Dorf **Mesa Goní**; kurz vorher stoßen wir auf die von Amoudári kommende Teerstraße und biegen auf dieser nach links ab. Etwas abseits, links, befindet sich ein Friedhof, der von Zypressen umgeben ist. Die Straße steigt an und führt uns rechts am Ort vorbei zwischen Feldern hindurch in das nach Süden ziehende Tal. Das Tal wird enger, die Schotterstraße steigt langsam an, bis sie schließlich an einem Schafpferch endet. Im Rückblick genießen wir die wunderbare Aussicht; gut 1¼ Stunden sind wir jetzt gegangen. Der alte Fußweg, der jetzt nur

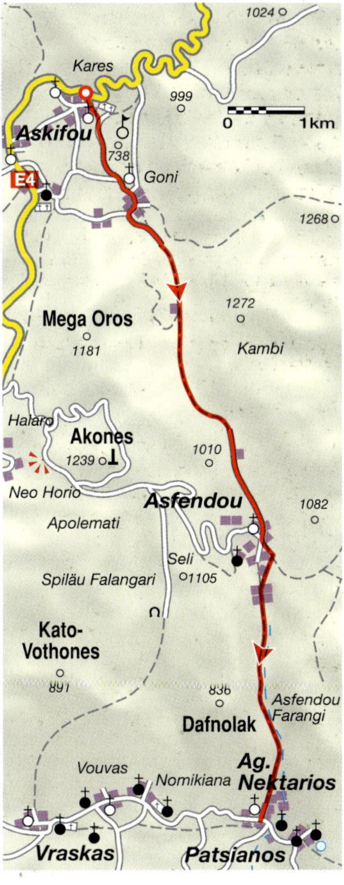

Links: Die Askífou-Ebene, im Hintergrund Amoudári.

Am Eingang der Asfendóu-Schlucht.

mehr von Hirten und ihren Herden benützt wird, gabelt sich, und ein *Pfeil* weist nach links. Nach weiteren 10 Minuten geht links ein Pfad hinauf. Dann erreichen wir nach 10 Minuten eine kleine Hochebene. Die bisher üppige Vegetation ist verschwunden; Zistrosen, Salbei, Thymian und Eichen überwiegen. Vorbei an einer Zisterne mit Schaftränke und unter zwei stattlichen Steineichen hindurch, steigen wir über einen noch gut erhaltenen, alten Weg in Serpentinen zu dem vor uns liegenden Bergsattel auf. Beim Blick in das vor uns liegende Tal sehen wir einen fast unbeschädigten alten Weg, der sich den Geländeformen unauffällig anpasst. An einer kleinen Hochebene mit Zisternen und Schafpferchen vorbei beginnt eine Schotterstraße, die über mehrere Plateaus hinabführt Richtung Asfendóu. Vor uns liegen die grauen Häuser von **Asfendóu** – die einzeln stehenden Häuser unter den großen Birnbäumen, das Geläute der Schafsglocken und der Ruf der Hirten vermitteln eher den Charakter einer Alp als den eines kretischen Dorfes.
Der Schotterweg mündet in die Straße nach Kallikrátis. Dieser folgen wir 200 m, dann rechts auf einem Feldweg weiter, der als Hohlweg zum Beginn der Asfendóu-Schlucht führt. (Wer statt der Asfendóu-Schlucht über die Kallikratianó-Schlucht zur Südküste Richtung Frangokástello absteigen möchte, nimmt am besten die Schotterstraße nach Kallikrátis und von dort den Weg in die Schlucht – siehe folgende Wanderung.) Der alte Abstiegsweg durch die **Asfendóu-Schlucht** ist eindeutig und bedarf deshalb keiner weiteren Beschreibung. Nach 1½ Stunden erreichen wir über den rechten Schluchtrand das Dorf **Agios Nektários**.

4.30 Std.

Durch die Kallikratianó-Schlucht nach Frangokástello

30

Widerstandsnester und Fluchtwege während der türkischen Besatzung

Der Weg durch die Kallikratianó-Schlucht ist einer der meistbesuchten und bestausgebauten Schluchtwege von den Sommerhäusern der Bergbauern in die Winterquartiere an der Küste.

Im Jahre 1828 war die von den Venezianern bereits im 14. Jh. erbaute Festung Frangokástello der Austragungsort einer blutigen Schlacht. 700 kretische Kämpfer standen unter der Führung von Chadzimichális einem Heer von 8000 Türken gegenüber und unterlagen. Alljährlich um den 17. Mai gibt es hier eine eigenartige Spukerscheinung: Kurz vor Sonnenuntergang zieht ein langer Zug von schwarz gekleideten Reitern und Gestalten nach Frangokástello. Man sagt, das Phänomen dauert zehn Minuten und tritt dann auf, wenn nach einigen feuchten Tagen plötzliche Windstille herrscht, bevor Nordwind einsetzt. Wissenschaftlich erklärt man sich die Erscheinung als eine Art Fata Morgana.

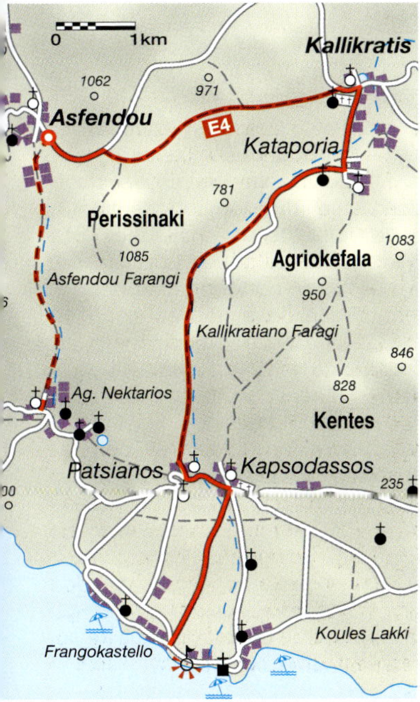

Ausgangspunkt: Asfendóu, siehe Tour 29.
Endpunkt: Frangokástello, 5 m, Bus: Plakiás – Frangokástello – Hóra Sfakíon einmal täglich.
Höhenunterschied: Aufstieg 150 m, Abstieg 900 m.
Anforderungen: Unschwierige, aber sehr lange und Ausdauer erfordernde Wanderung. Gutes Schuhwerk, Sonnenschutz.
Einkehr/Unterkunft: Zwei Kafenía in Kallikrátis. Restaurants und Zimmer in Frangokástello. Kafeníon in Patisianós.
Varianten: Durch die Asfendóu-Schlucht (siehe Tour 29). Ein schöner Zugang nach Kallikrátis ist von Asi Goniá (10 km nordöstlich) aus möglich, wo am Ortsende von der Straße nach Kallikrátis bei einem »dreischiffigen« Hof eine Sandstraße nach rechts abführt. Sie wird bald zum Pfad, der in einer Schlucht aufwärts führt, wo man sich dann zweimal nach rechts halten muss, ehe man oben auf dem Scheitel auf eine nach Kallikrátis führende Erdstraße trifft (2½ – 3 Std.).

Die venezianische Festung in Frangokástello.

Ausgangspunkt der Wanderung ist der Ort **Asfendóu**, den wir über die vorhergehende Wanderung erreichen können. Für den Weiterweg nach Kallikrátis nehmen wir am besten die nach Osten führende Schotterstraße. Sie bringt uns nach 1½ Stunden direkt in den Ortskern von **Kallikrátis** (6 km). Sie sollten einen Blick auf die Kirche mit der Sonnenuhr und die schöne Brunnenanlage werfen. Zwei Kafenía haben den Sommer über geöffnet, im Winter ist das Dorf fast verlassen, die Bevölkerung zieht dann ins tiefer gelegene Kapsodásos oder nach Patsianós am Schluchtausgang. Der gut ausgebaute Verbindungsweg zur Küste wird von den Einheimischen noch regelmäßig benutzt; mit dem Auto ist ein weiter Umweg notwendig, um beide Orte zu erreichen.
Wir setzen unseren Weiterweg in Richtung Süden fort, dorthin wo der Talrand die tiefste Einsenkung zeigt. Schauen wir in diese Richtung, so sehen

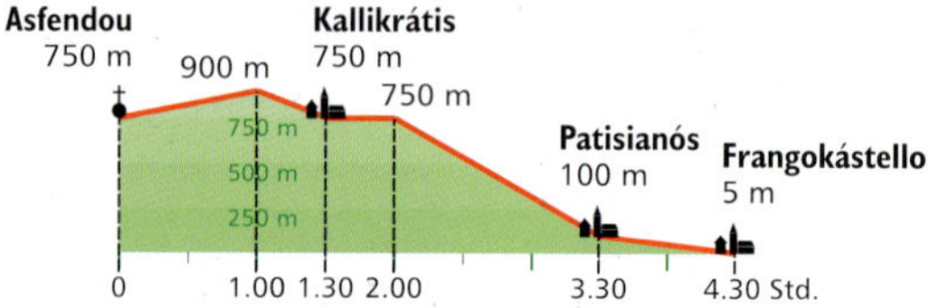

wir links eine auf einem Hügel gelegene Kirche – rechts davon verläuft ein **Trockenbachbett**, an dessen linkem Rand der Weg langsam zum Beginn der Schlucht führt. Hier trifft man auf eine neue Straße, der wir etwa ¼ Stunde links vom Bachbett folgen. Dann auf dem rechts abführenden Pfad (Tafel Patsianós/ Frangokástello) ins Bachbett. Der gute alte Weg quert des öfteren das trockene Bachbett – es ist ein Genuss, darauf zu laufen. Die Schlucht wird enger, der an mehreren Stellen betonierte Weg steiler. Dann weitet sich die Schlucht zu einem Kessel. Steile Felswände umgeben uns nochmals, bevor sich die Schlucht nach etwas mehr als einer Stunde ab Kallikrátis endgültig öffnet und der Blick auf die weite Küstenebene vor Frangokástello frei wird. An Oleandersträuchern vorbei erreichen wir über den rechten Schluchtausgang das Dorf **Patsianós**, links gegenüber liegt das Dorf **Kapsodásos**. Nach **Frangokástello** sind es von hier noch 3 km.

Blühende Oleandersträucher am Eingang zu Schlucht.

Erfrischendes Quellwasser aus der Brunnenanlage in Kallikrátis.

31 Bergdörfer am Rande der Kotsifoú-Schlucht

3.00 Std.

Schöner Ausblick auf den Golf von Plakiás

Der Ort Plakiás an der Südküste des Bezirkes Réthimnon ist wegen seiner Umgebung und der umliegenden Klöster, aber auch wegen seines Sandstrands und der zahlreichen Tavernen unbedingt einen Abstecher wert. Zwei kurze Wanderungen in die darüber gelegenen Bergdörfer mit ihrer wunderbaren Aussicht lassen sich dabei leicht in den Tagesablauf integrieren.

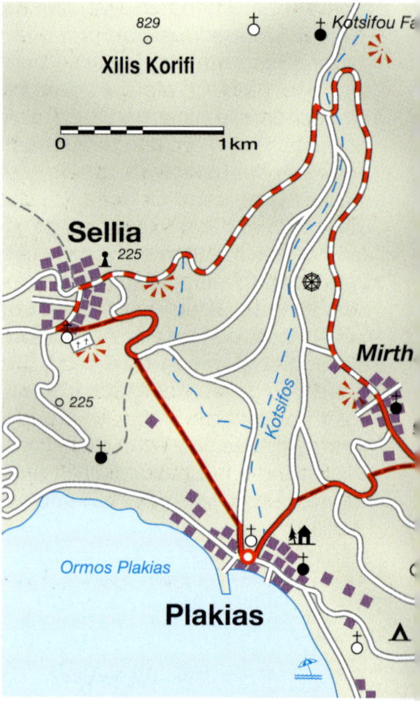

Ausgangspunkt: In Plakiás, 41 km südwestlich von Réthimnon, an der Brücke über den Fluss. Bus: Plakiás – Réthimnon mehrmals täglich, Agia Galíni – Plakiás – Hóra Sfakíon einmal täglich.
Höhenunterschied: 225 m nach Sellía bzw. 200 m nach Mírthios.
Anforderungen: Leichte Wanderungen.
Einkehr/Unterkunft: Tavernen und Zimmer in Plakiás, Sellía und Mírthios.
Varianten: Von Sellía kann man auf der Teerstraße nach Mírthios laufen (1 Std.) und kommt dabei an den Eingang der Kotsifoú-Schlucht, in die man einen kurzen Abstecher machen kann.

Wir beginnen unsere Kurztour nach Sellía in **Plakiás** an der Brücke über den Bach (beim Buswendeplatz). Ortseinwärts biegen wir bei Zórbas Rent Rooms in die Straße rechts, gehen an einigen kleinen Supermärkten vorbei, bis sich der Weg in die Olivenhaine schlängelt. Bei einer ersten Gabelung links. Nach 15 Minuten bei einer Gabelung an einer Brücke wieder links, gleich darauf rechts. Bei der nächsten Gabelung (5 Min.) links, immer durch Olivenhaine. Bei der nächsten Fahrwegkreuzung wieder links, bei der folgenden auf einem betonierten Stück rechts. Nach knapp 1 Stunde erreichen wir **Sellía**. Wir haben jetzt einen bezaubernden Blick über die Bucht von Plakiás und die umgrenzenden Berge mit dem Dorf Mírthios gegenüber. Am schönsten sitzt man auf der Terrasse der Taverne Obelistírion.

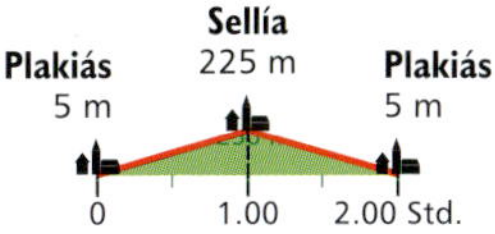

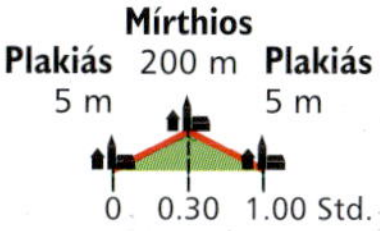

Die Wanderung nach Mírthios nimmt ebenfalls in **Plakiás** ihren Ausgang: Wir gehen beim Buswendeplatz über das kleine Brücklein und schlagen bei Zórbas Rent Rooms die Straße ein, die rechtwinklig von der Uferpromenade, vorbei an Mini-Markets in Richtung Campingplatz führt. Das Dorf Mírthios befindet sich oberhalb am Hang, direkt vor unseren Augen. Nach 500 m, bei einer Fahrweggabelung rechts und über eine kleine Brücke, treffen wir auf den verwahrlosten Campingplatz. Wir folgen dem Feldweg an der westlichen Mauer des Campingplatzes entlang bis zu einem Haus (3 Min.), überqueren einen Fahrweg und steigen einen ausgewaschenen Pfad hinauf. Nach 5 Minuten stoßen wir auf einen befahrbaren Feldweg, den wir weiter nach oben verfolgen, immer geradeaus auf das bereits vor uns liegende Dorf zu. Alte, knorrige Olivenbäume in fantasievollen Formen säumen den Weg. Wir stoßen auf das Brunnenhaus des Ortes. Gleich darauf, unter den ersten Häusern von **Mírthios**, können wir rechts hochgehen und kommen auf der Ortsdurchgangsstraße bei der Post heraus – oder wir halten uns links und erreichen so den Dorfplatz und zwei Tavernen mit schöner Aussichtsterrasse, wo wir bei einem erfrischenden Getränk den wunderbaren Blick auf die Bucht von Plakiás genießen können.
Bei beiden Wanderungen kehrt man auf dem Hinweg wieder zurück nach Plakías.

Blick von Sellía auf die Bucht von Plakiás.

32 Rundwanderung bei Mixórrouma

2.15 Std.

Kapellen und Dörfer am Fluss Kíssanos

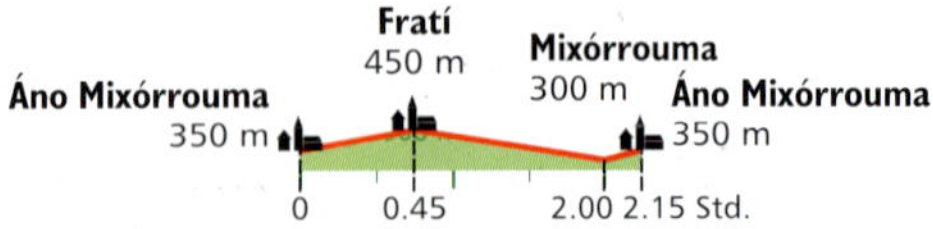

Der Kíssanos-Fluss, der im Kédhros-Massiv entspringt und von den starken Quellen in Spíli gespeist wird, durchfließt auf seinem Weg nach Südwesten mehrere enge Täler und Schluchten, bevor er in der bekannten Bucht von Préveli das Meer erreicht. Kurz vor Spíli, direkt an der Straße, liegt die Ortschaft Ano Mixórrouma und etwas tiefer, verdeckt durch einen Hügel, das schöne, langsam verfallende Dorf Mixórrouma. Letzteres liegt direkt am Fluss, der nach Süden eine grüne, dicht bewachsene Tallandschaft mit schön gelegenen Kapellen durchfließt.

Ausgangspunkt: Ano Mixórrouma, 350 m, 3,5 km vor Spíli, an der Hauptstraße Réthimnon – Spíli gelegen. Bus: Réthimnon – Spíli mehrmals täglich.
Höhenunterschied: 150 m.
Anforderungen: Leichte Wanderung auf Teer- und Schotterstraßen.
Einkehr/Unterkunft: Tavernen in Ano Mixórrouma und Fratí, Zimmer in Fratí, Kafenia, Hotels und Zimmer in Spíli.
Tipp: Das nahe Spíli mit dem venezianischen Löwenbrunnen.

Das alte, verlassene Dorf Ano Mixórrouma.

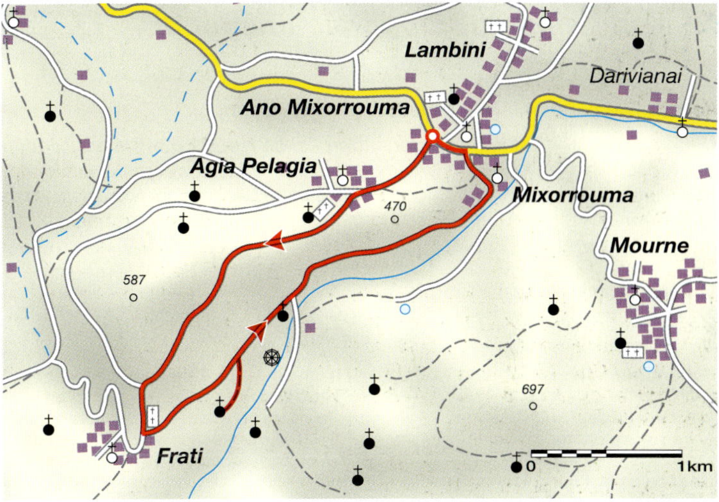

Am westlichen Ortsanfang von **Ano Mixórrouma** führt rechts ab eine kleine Teerstraße nach Fratí. Die 3,5 km lange Strecke zieht sich leicht ansteigend einen üppig bewachsenen Hügel hinauf und gibt bald den Blick frei auf einen steilen kegelförmigen Hügel, an dessen Fuß das Dorf **Fratí** liegt. Der kleine Ort bietet Touristen am Dorfplatz eine Taverne und ein Kafénion sowie mehrere Privatzimmer und Studios zur Bleibe an. Verlässt man das Dorf wieder auf der gleichen Straße, dann führt nach dem letzten Haus, noch vor einer kleinen Kirche, nach rechts eine Schotterstraße, der wir folgen. Kurz darauf, an der nächsten Verzweigung nach links und auf gleicher Höhe in das Tal hinein. Der Fahrweg verläuft auf der linken Talseite und bietet schöne Ausblicke hinab zum üppig bewachsenen Flussufer. Nach ca. 1,5 km an einer Verzweigung führt der Weg links hinab zum Talgrund – rechts ab ein kurzer und lohnender Abstecher; in nur 15 Minuten zu zwei schön gelegenen **Kapellen** oberhalb des Flusses. Nach insgesamt einer Stunde Gehzeit sehen wir rechts an einer weiteren Verzweigung eine **Brücke**, wir bleiben auf der linken Talseite und wandern flussaufwärts ein kurzes Stück dicht am bewachsenen Ufer des Kíssanosflusses entlang. Die letzten 15 Minuten steigt die Straße nochmals an und führt zum alten Dorf **Mixórrouma**. Am ersten alten Haus rechts, einem betonierten Weg folgend, gelangen wir zur noch gut erhaltenen Kirche, die auf einem erhöhten Platz aussichtsreich zwischen den Ruinen steht. Geradeaus, weiter der Telefonleitung folgend, erreichen wir wieder die Verbindungsstraße nach Spíli.

33 Von Asómatos zum Palmenstrand von Préveli

4.45 Std.

Palmenwald und alte Klöster am Libyschen Meer

Neben dem unter Naturschutz stehenden Palmenstrand von Préveli ist auch das Kloster von Préveli einen Besuch wert. Das »Kloster des Heiligen Johannes Theologus« besticht durch seine einzigartige Lage an der Steilküste hoch über dem Libyschen Meer. Es stammt aus dem 17. Jahrhundert und ist vom Baustil der Venezianer stark beeinflusst.

Ausgangspunkt: Asómatos, 200 m, 31 km von Réthimnon, Richtung Plakiás. Bus: Réthimnon – Asómatos – Plakiás – Préveli ein- bis zweimal täglich.
Höhenunterschied: Auf- und Abstiege je 250 m.
Anforderungen: Unschwierige, aber lange Wanderung. Wasser, Sonnenschutz.
Einkehr/Unterkunft: Tavernen und Zimmer in Plakiás, Taverne mit Zimmern in der Bucht, 10 Minuten östlich vom Palmenstrand. Café in Asómatos.
Variante: Weiterweg vom Palmenstrand nach Agios Pávlos möglich (s. Tour 34).
Hinweis: Theoretisch kann man die Tour auch in Gianioú, 200 m, bzw. Lefkogía, 150 m, beenden und mit einem der – allerdings selten verkehrenden – Busse nach Asómatos zurückkehren.

Unser Weg zum Palmenstrand beginnt in **Asómatos** auf der Teerstraße Richtung Réthimnon. Nach 800 m, bevor die Teerstraße in einer Linkskurve in die Kourtaliótiko-Schlucht führt, biegen wir in einer scharfen Kehre auf eine bergab führende Betonpiste ab, die alsbald in eine Schotterstraße übergeht. Vorher sollten wir aber noch einen Abstecher zur **Kapelle Agios Nikólaos** unternehmen – also einige hundert Meter auf der Teerstraße weiter, bis rechts Betontreppen zur Kapelle hinabführen; hier befinden sich die tosenden Quellen des Megalopótamos.
Zurück auf dem Weg zum Palmenstrand, wandern wir geradeaus auf der rechten Uferseite des Megalopótamos (= großer Fluss) weiter. Der Fahrweg endet vor einer kleinen Kapelle. Geradeaus, links an der Kapelle vorbei, führt ein Pfad weiter – das Dorf Asómatos liegt nun direkt hinter uns. Nach knapp 5 Minuten erreichen wir eine aufgelassene **Olivenmühle** – über dem Türbalken ist das Jahr 1890 eingemeißelt. Hier folgen wir dem Feldweg nach rechts und erreichen nach 300 m die breite Asphaltstraße, die von Lefkogía zum Kloster Préveli führt. Schilf, Myrtensträucher, Platanen

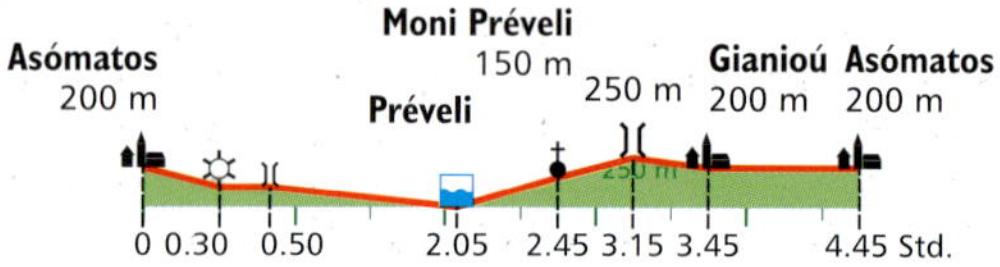

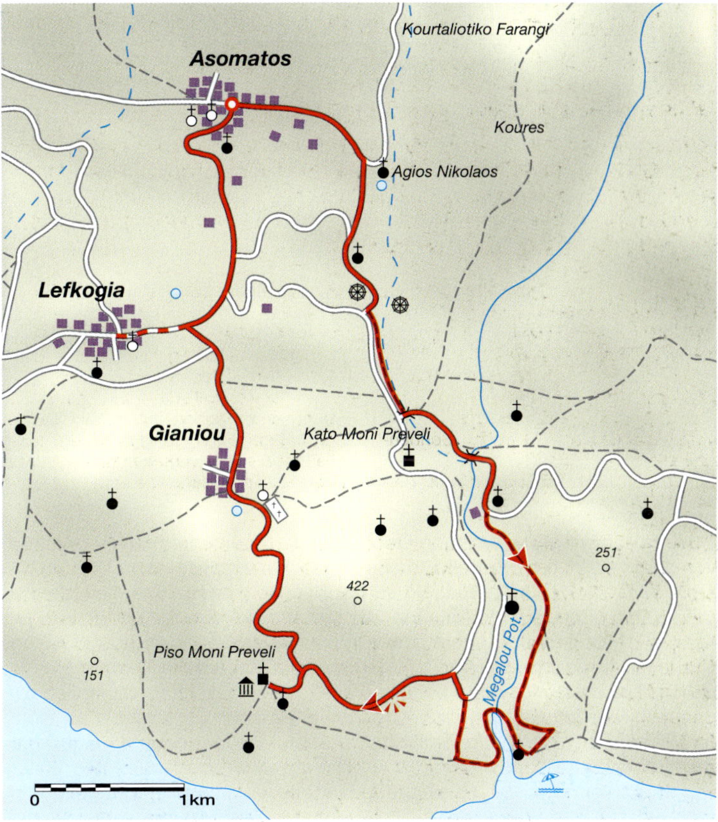

und Efeu säumen die Ufer des Megalopótamos. Wenig später treffen wir auf eine grazile, venezianisch anmutende **Bogenbrücke**, die aber erst im 19. Jahrhundert erbaut wurde. Südlich davon sehen wir die Ruinen des verlassenen Klosters Káto Préveli – auch Móni Mega Potámou, Kloster des großen Flusses, genannt. Wir überqueren den Fluss und wandern auf der Schotterstraße am linken Ufer entlang. Nach etwa einer Stunde kommen wir zu einer **weiteren Bogenbrücke** mit Inschrifttafel. Die Schotterstraße nach links lassen wir unbeachtet (sie führt zur östlich vom Palmenstrand gelegenen Bucht) und folgen dem rechts abzweigenden Fahrweg oberhalb des

Das Kloster Káto Préveli am Eingang zur Kourtaliótiko-Schlucht.

Flusses, bis wir die verfallenen Gebäude eines kleinen Klosters erreichen, von dem nur noch die Kapelle erhalten blieb. Wir verlassen die Schotterstraße nach rechts und gehen direkt an der Kapelle vorbei. 25 m nach der Kapelle senkt sich der Weg abwärts. Wir gehen links durch einen Acker, um nach 40 m an dessen anderer Seite links eine steil abfallende und wieder ansteigende Schotterstraße zu finden, dann weiter am Hang oberhalb des linken Flussufers. Von oben können wir sehen, wie der Fluss allmählich von den Felswänden eingezwängt wird. Der Pfad gewinnt langsam an Höhe und überwindet die Schluchtwände oberhalb. Wir unterqueren eine **Telegrafenleitung**. 200 m weiter können wir von einer Felsnase einen ersten wunderbaren Blick auf die palmengesäumte Mündung des Megalopótamos-Flusses werfen. Kurz darauf lässt sich die nach Osten verlaufende Küstenlinie kilometerweit überblicken. Dann führt uns der Weg zwischen Felsbrocken hinab zur Flussmündung. In der Bucht links sehen wir eine Taverne, die auch Zimmer vermietet. Die Schotterstraße, die bei der zweiten Bogenbrücke links weiterführte, endet hier. Viele Mietwagentouristen fahren bis hierher und steigen von dort in 10 Minuten zur Palmenbucht hinüber. Nach gut 2 Stunden Wanderung betreten wir den **Palmenstrand von Préveli**, der unter Naturschutz steht. (Talaufwärts kann man ca. eine halbe Stunde bis zu einer unüberwindlichen Engstelle am Fluss entlanggehen.) Auf dem Weiterweg durchwaten wir über den schmalen Sandstreifen den Mündungsarm des Flusses und steigen die Felsen aufwärts. Nach 20 Minuten Aufstieg erreichen wir eine Schotterstraße und auf dieser die Teerstraße, die uns weiter Richtung Westen zum **Kloster Préveli** bringt. Vom Kloster aus führt eine Schotterstraße in Serpentinen über einen Sattel hinüber auf die andere Seite und hinab zu dem Dörfchen **Gianioú** – die Busverbindung hierher ist stark eingeschränkt, so dass man unter Umständen bis Lefkogía weitergehen muss.

Die Palmenbucht an der Mündung des Megalopótamos ins Libysche Meer.

34 Von Agios Pávlos zur Bucht von Préveli

5.50 Std.

Ein Fotomotiv par excellence: Die Felsformationen von Agíos Pávlos

Abgelegene und noch relativ einsame Kiesstrände mit hohen Sanddünen kennzeichnen die Küstenregion zwischen Agíos Pávlos und Préveli. Mehrere Tavernen mit Zimmerangebot und die kleine, in den Felsen hineingebaute Kapelle Agios Pávlos liegen am Beginn einer einzigartigen Aneinanderreihung von schönsten Kiesstränden mit hohen Sanddünen und faszinierenden Felsformationen, die alle zu Fuß erreichbar sind. Agios Pávlos wird im Sommer übrigens auch regelmäßig von Ausflugsbooten aus Agia Galíni angelaufen.

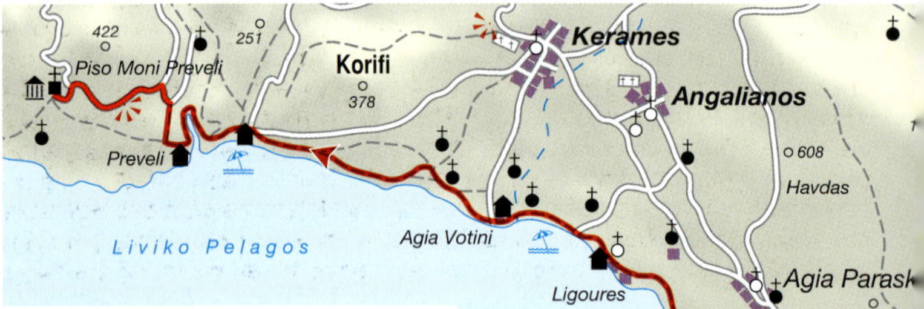

Ausgangspunkt: Agios Pávlos, 50 m, ein winziges Dorf am Beginn einer Reihe von schönen Kiesstränden an der Südküste, 15 km westlich von Agia Galíni. Bus: Réthimnon – Spíli – Agia Galíni mehrmals täglich, nach Saktoúria einmal täglich. Plakiás – Agia Galíni einmal täglich. Schiff: Plakiás – Agia Galíni mehrmals wöchentlich.
Endpunkt: Bucht von Préveli, 5 m. Bus: Préveli – Plakiás dreimal täglich.
Höhenunterschied: 180 m im Auf- und 230 m im Abstieg; dreimal müssen Höhen bis zu 60 m auf- und abgestiegen werden.
Anforderungen: Insgesamt leichte, aber mühsame Küstenwanderung, meist weglos im Kies oder Sand, einige kurze, schwierige, steile An- und Abstiege (teils Felspassagen, diese können im Wasser »umgangen« werden). Gute Schuhe notwendig. Kein Schatten, bei stürmischer See nicht begehbar!
Einkehr/Unterkunft: Unterwegs mehrere Tavernen (siehe Profil und Karte). Alle angegebenen Tavernen bieten auch Zimmer an, in Agios Pávlos mehrere Tavernen mit Zimmern, in Agia Galíni und Plakiás Hotel, Pensionen und Tavernen.
Variante: Weiterweg zum Kloster Préveli siehe Tour 33.

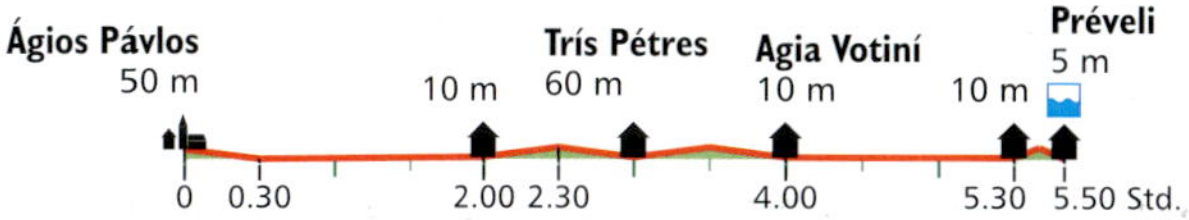

In **Agios Pávlos** führt von der Taverne, die dem Strand am nächsten liegt (gute Fischgerichte), eine Fahrstraße bis zur Bucht hinab. Wenige Meter nach dem Ende der Straße geht es über die steile Sanddüne, die von Felsen durchsetzt ist, hinauf auf eine kleine **Hochfläche**, die wir überqueren. Linker Hand begrenzen fantastische Felsfaltungen mit farblich abgesetzten Mustern die Steilküste. Vom Rand der Hochfläche sieht man hinab in die zweite Bucht; wir wandern oberhalb an ihr vorbei und steigen zuerst über Felsen, dann im feinen Sand hinab zum **Meer** (½ Std. ab Taverne). Beim Abstieg in diese 2. Bucht muss eine Felsnase im knietiefen Wasser umgangen werden (bei stärkerem Seegang nicht möglich).
Die nächsten 1½ Stunden können wir immer am Meer entlang bummeln. Kiesstrände, Felsformationen und hohe Sanddünen bilden eine faszinierende Kulisse. Erst in einer kleinen Bucht, die von etwa 50 m hohen Felsen begrenzt wird (hier ist nach Westen kein Durchkommen mehr möglich), müssen wir uns vom Meeresufer trennen. Wenige Meter oberhalb des Strandes steht eine größere **Taverne** – an dieser vorbei folgen wir der Straße (sie führt in das 12 km entfernte Akoumia) hinauf auf die Anhöhe, um dann links direkt

Fantastische Felsformationen bei Agios Pávlos.

Das Kirchlein Agios Pávlos an der Südküste.

an der Hangkante entlang die schmale felsige Halbinsel weiter nach Westen zu queren und in die nächste Bucht wieder abzusteigen. **Drei Felsen** (Trís Pétres) heißt diese Landzunge. Breite Kiesstrände ziehen von hier nach Westen, wo man bereits die Bucht von Préveli und das Kloster erkennen kann. Einige neugebaute Häuser, 2 Tavernen am Strand und etliche Zimmervermieter weisen auf die schon begonnene Erschließung dieser Region hin.

Nach der Überquerung einer Halbinsel gelangen wir zu einer Teerstraße (Straße von Kissou Kámbos nach Keramés und weiter zur Küste), die hier an der **Taverne** Agia Votiní endet. Ab hier wandern wir immer auf dem schmalen, felsigen **Küstenstreifen** direkt am Meer entlang, nach oben gibt es kein Ausweichen (bis auf die Buchten, die durch Straßen erschlossen sind). Nach der Taverne – wir haben mittlerweile zwei Buchten mit Häusern durchquert – beginnt eine im Bau befindliche Schotterstraße direkt parallel zum Meer, die zur nächsten großen Bucht führt. Nach weiteren 30 Min. erreichen wir die große Bucht vor der Mündung des Megalopótamos. Hier erwarten uns zwei **Tavernen**; eine Schotterpiste verbindet die Bucht mit der Zufahrtsstraße von Moni Préveli nach Plakiás. Ein deutlicher Weg führt über die Felsen in 20 Minuten in die **Bucht von Préveli**.

Drei Felsen (Trís Pétres) – der Weg führt oberhalb an der Steilküste entlang.

35 *Auf die Alp Trípiti*

4.30 Std.

Im Amárital zur Aussicht auf Messará-Ebene und Libysches Meer

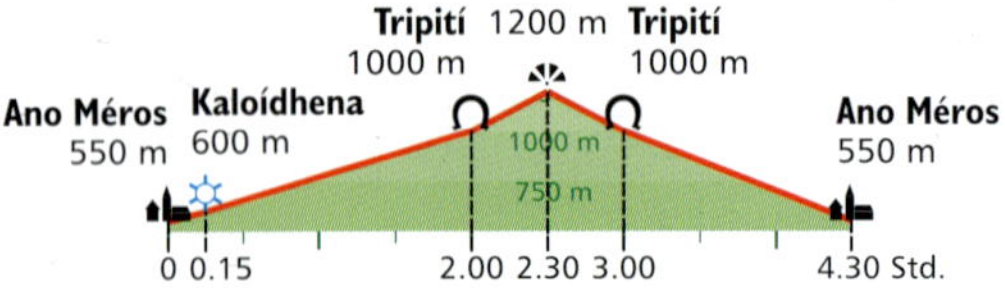

Als einsamer Bergklotz behauptet sich der Berg Kédhros im Westen des Psiloritis. Dazwischen liegt – nahezu abgeriegelt von der Außenwelt – das Amári-Becken. Es wird von zwei Straßen erschlossen: die eine verläuft an den Westhängen des Psiloritis, die andere an der Ostflanke des Kédhros. Die hoch gelegenen Dörfer entlang der Straße profitieren vom Wasserreichtum der Region – so wachsen an den Hängen des Kédhros noch Blumen, wenn anderswo auf Kreta bereits alles vertrocknet ist.

Ausgangspunkt: Ano Méros, 550 m, 50 km von Réthimnon, 30 km von Timbáki. Bus: Réthimnon – Timbáki einmal täglich.
Höhenunterschied: 530 m.
Anforderungen: Schöne Bergwanderung auf meist markiertem Weg. Gutes Schuhwerk. Ausreichend zu trinken mitnehmen.

Einkehr/Unterkunft: Kafeníon in Ano Méros, Zimmer in Réthimnon oder Agia Galíni.
Variante: Von der Alp Trípiti ist ein Anstieg auf den Kédhros-Gipfel möglich, man benötigt dafür 5 Std. hin und zurück zusätzlich. Mit dem Rücken zur Trípiti-Höhle steigt man weglos aufwärts, bis man den Gipfel erreicht.

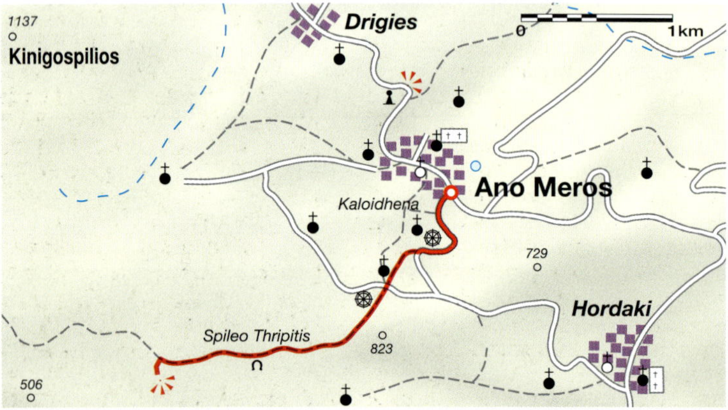

Schatten suchende Schafe auf dem Weg zur Alp Trípiti.

Wir beginnen unsere Wanderung bei der Dorfkirche von **Ano Méros** und gehen auf der Hauptstraße (von Réthimnon) ca. 150 m weiter. Rechts führt die Odos Markou Botsari herab, aber erst bei der nächsten Gasse biegen wir rechts ab und steigen entlang einer Wasserrinne nach oben bis zum Ende der Gasse, dann nach links, dann wieder rechts und geradeaus hoch. 5 Minuten später biegen wir rechts in einen Fahrweg ein. Von diesem zweigt kurz darauf ein Weg rechts ab, der über rauschendes Quellwasser hinweg hoch zur **Kapelle Kaloídhena** (= »Ich habe gut gesehen«) führt. Das frisch renovierte Kirchlein mit großem Rastplatz unter Platanen gehörte zu einem Kloster, das während eines Aufstandes gegen die Türken 1821 zerstört wurde. Der Name geht auf eine wundertätige Erscheinung zurück.

Wieder auf dem Fahrweg, tauchen unmittelbar darauf die Ruinen einer alten Wassermühle auf. Den Fahrweg weiter aufwärts, halten wir uns bei einer kurz darauf folgenden Gabelung links. Etwa 5 Minuten danach zweigen wir rechts auf einen Feldweg ab (*roter Pfeil*). Wir passieren ein Eisentor, später kreuzt der Pfad wieder den Fahrweg. Der *vereinzelt markierte* Pfad führt weiter aufwärts, bis wir nach einer Dreiviertelstunde erneut auf den Fahrweg treffen. 60 m auf diesem, dann links ab (*Markierung*). Vor uns, oben am Bergkamm, sehen wir eine rechteckige Lücke, die wir im weiteren Wegverlauf ansteuern. Zunächst folgen wir einer Wasserleitung. Nach einer betonierten Wasserrinne bei einer Platane geht es dann in spitzem Winkel bergauf; der Pfad nach oben ist gut markiert. Nach etwa 2 Stunden erreichen wir eine mit einer Eisentür und zwei vergitterten Fenstern versehene **Höhle**, die zur **Alp Trípiti** gehört. Die meist offene Höhle bietet einen guten Unterstand, sofern man den Geruch von Schafdung ertragen kann.

In der Nähe befindet sich ein Aussichtsgipfel. Wir erreichen ihn, wenn wir mit dem Rücken zur Höhle stehend nach links, leicht aufwärts in südöstlicher Richtung steigen. Es müssen einige niedrige Felsriegel überwunden werden, dann sehen wir eine kleine Hochebene, zu der wir hinabsteigen. Gegenüber im Südosten liegt der Aussichtshügel (mit Betonsäule), von dem wir einen grandiosen Blick über die Messará-Ebene und das Libysche Meer haben.

Auf demselben Weg kehrt man zurück nach **Ano Méros**.

36 Von Agia Galíni nach Pitsídia

4.00 Std.

Badehosenwanderung am Messará-Golf

Eine »endlos« am Meer entlang führende Wanderung, die in wenigen Wochen im Jahr dadurch getrübt wird, dass bei Flugübungen auf dem Militärflugplatz ein Posten den Weiterweg verhindert. Dann geht es nur mit Bus oder Taxi von Timbaki nach Pitsídia oder Mátala.

Ausgangspunkt: Hafen in Agia Galíni, 5 m. Bus: Iráklion – Agia Galíni mehrmals täglich.
Endpunkt: Pitsídia, 70 m, Bus: Iráklion – Pitsídia/Mátala, Agia Galíni – Kókkinos Pírgos – Pitsídia mehrmals täglich.
Höhenunterschied: 70 m Aufstieg.
Anforderungen: Einfache Wanderung, im Sand teilweise etwas mühsam. Bei stürmischer See ist das Wegstück zwischen Agia Galíni und Kókkinos Pírgos nicht begehbar. Sonnenschutz.
Einkehr/Unterkunft: Tavernen und Zimmer in Agia Galíni, Kókkinos Pírgos, Kalamáki und Pitsídia.
Variante: Vom Kómmos-Beach kann man über die Steilküste (Höhe 65 m) weiter bis Mátala wandern (1 Std.). Vom Kómmos-Beach zuerst oberhalb der Steilküste weiter und dann über ins Meer

abfallende Platten mit vielen Muscheln, Seesternen und Seeigeln zu den Felsen von Mátala, die aber (da eingezäunt) landeinwärts umgangen werden müssen (Schuhe nötig).

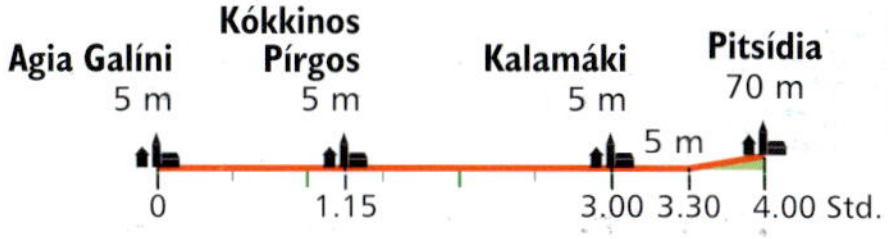

Wir folgen am Hafen von **Agia Galíni** dem Promenadenweg unter den Sandsteinfelsen nach Osten in Richtung der Badestrände mit den Tavernen. Der Weg verläuft immer direkt an der Küste und ist gnadenlos der Sonne ausgesetzt – wir können unsere Wanderung aber jederzeit mit einem Bad im Meer unterbrechen. Nach 10 Minuten überqueren wir auf einer wackeligen Fußgängerbrücke die Mündung des Plátis-Flusses. 5 Minuten später führt eine Schotterstraße etwas oberhalb der Küste weiter, auf der es sich bequem laufen lässt. Nach 35 Minuten, hinter einer Bauruine, endet der Fahrweg, und wir steigen eine Rinne hinab zum Meer (nicht auf dem Weg weiter bis zu einem Maschendrahtzaun – gefährlicher Abstieg!). Am Kiesstrand weiter, erreichen wir nach 1¼ Stunden, vorbei an Gewächshäusern, **Kókkinos Pírgos**.

Dort folgen wir der Straße; die beste Einkehr scheint die Fischtaverne Diónisos, wo man angenehm unter Tamarisken am Strand sitzen kann. In Kókkinos Pírgos beginnt ein 8 km langer Strand, der bis zum Kómmos-Beach reicht. Es ist einer der schönsten noch unverbauten Strände Kretas, was wohl dem Militärflughafen im Hinterland zu verdanken ist.

An der linken Seite des Hafens folgen wir der Promenade, die nach 10 Minuten endet. Die nächsten 1½ Stunden wandern wir über den Sand- und Kiesstrand und später über Abplattungen.

Vor **Kalamáki** erwarten uns einige Felsen, die aber nicht höher als 30 m sind. In der ersten Bucht, hinter den Felsen nach Kalamáki, zweigt ein schöner Weg nach Pitsídia ab. Wir aber gehen eine halbe Wegstunde weiter: Bei einer Hütte mit Schild *»Sea Flights«* beginnt der Weg nach Pitsídia hinauf. Der Strand bis zum Beginn der Steilküste heißt Kómmos-Beach und ist der Hausstrand des im Landesinnern gelegenen **Pitsídia**. Eine halbe Stunde ist es vom Strand bis in das Dorf mit seinen familiären Unterkünften und Tavernen.

Die Steilküste zwischen Kómmos-Beach und Mátala.

37 Móni Odigítrias

4.00 Std.

Schluchtwanderung zur byzantinischen Kirche Agios Nikólaos

Das Kloster Odigítrias liegt aussichtsreich auf einer Hügelkuppe am südwestlichen Rand der Messará-Ebene. Erreicht wird dieser abgeschiedene Ort über die Dörfer Sívas und Listarós, zuletzt über eine gut befahrbare Schotterstraße. Die Klosteranlage strahlt im Gegensatz zum Touristenrummel von Mátala bescheidene Ruhe aus. Nach drei Seiten sind die Gebäude durch steiles, felsiges Gelände abgesichert. Das sehr gepflegte Kloster wird nur noch von einem Mönch und seiner Mutter bewohnt; die beiden renovieren und pflegen liebevoll das große Anwesen. Frauen ist es nur mit Rock oder Kleid, Männern nur mit langer Hose erlaubt, die Anlage zu betreten!

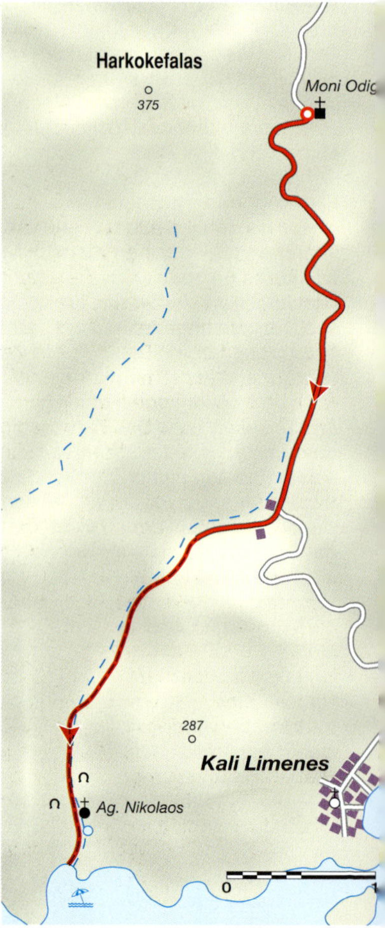

Ausgangspunkt: Kloster Odigítrias auf der Messará-Ebene, 275 m, von der Zufahrtsstraße nach Mátala vor Pitsídia nach Sívas abzweigen, weiter nach Listarós und auf 4 km langer Schotterstraße zum Kloster. Bus: Iráklion – Mátala mehrmals täglich, Haltestelle an Abzweigung Sívas, nähere Anfahrt nur mit Pkw möglich.
Höhenunterschied: 300 m.
Anforderungen: Leichte Wanderung, teils auf Schotterstraße, teils im Kiesbett, wenig Schatten, leichte Orientierung.
Einkehr und Unterkunft: In den Dörfern der Messará-Ebene; in der Nähe von Mátala viele Zimmerangebote und Tavernen, große Auswahl in Mátala und Míres.
Tipp: Die Messará-Ebene bietet archäologische Sehenswürdigkeiten in konzentrierter Form: Festós, Agia Triáda, Agii Déka, Górtys; ebenso ist Mátala außerhalb der Saison einen Besuch wert.

Móni Odigítrias – eine liebevoll gepflegte, sehenswerte Klosteranlage.

Vom Klosterhügel aus zieht sich über einige Serpentinen die Schotterstraße weiter hinab Richtung Kalí Liménes. Nach 3 km, hinter einigen Schaf- und Ziegenställen auf der rechten Seite (nach dem letzten eingezäunten landwirtschaftlichen Anwesen), zweigt rechts eine breite **Schotterstraße** ins tiefer gelegene Flusstal ab. Wer mit eigenem Fahrzeug unterwegs ist, sollte bis hierher fahren. Die immer schlechter werdende Straße führt ins Tal hinab und zieht dort neben, teilweise auch im Flussbett nach Süden. Die Straße endet bei einigen **Stallungen** mit eingezäunten Weideflächen auf der rechten Flussseite. Das Tal wird auf beiden Seiten von gelben Sandsteinformationen eingefasst, die langsam immer enger zusammenrücken. Ein schmaler Fußweg folgt nun dem Bachlauf, der nur im Winter etwas Wasser führt, aber dicht mit Oleander bewachsen ist. Nach etwa ½ Stunde lösen steilere Kalksteinformationen den Sandstein ab. Das Tal verengt sich zur **Schlucht**. 20 Minuten später befinden wir uns mitten in der engen Schlucht, auf beiden Seiten Felshöhlen und große Felsausbrüche mit rötlichem Gestein. Noch ¼ Std. wandern wir in der Schlucht, bis wir auf der linken Seite, eng an die Felswand gebaut, die gut erhaltene byzantinische **Kirche des Hl. Nikoláos** sehen (am Eingang Zisterne). Nach der Kirche öffnet sich die Schlucht zu einem großen, fast kreisrunden Talkessel, die Felswände werden niedriger und eine schöne Kiesbucht, eingefasst von Felsen, zeigt das Ziel der Wanderung an. Nur zu Fuß oder per Boot ist diese idyllische **Badebucht** erreichbar, aber dennoch herrscht hier im Sommer reger Betrieb. Rückweg wie Hinweg.

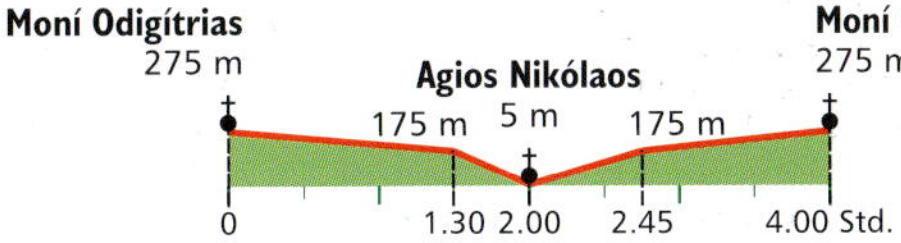

Die Weißen Berge

Das größte und geschlossenste Gebirgsmassiv Kretas stellt in vieler Hinsicht eine Besonderheit dar: Hier konzentrieren sich die meisten hohen Berge (40 Gipfel über 2000 m), außerdem befinden sich hier die meisten Schutzhütten des EOS (Sektion Haniá) – die Kallérgi-Hütte oberhalb von Omalós, die Volika-Hütte im Norden (erreichbar von Kámbi aus), und die neue Távri-Hütte unterhalb des Kástro-Massivs im Osten der Weißen Berge. Im Winter ist dieses Gebiet das einzige, das ab einer Höhe von 1000 m (oft über Wochen hinweg) eine geschlossene Schneedecke aufweist – für Kenner bieten sich sogar Skidurchquerungen an. Und schließlich ist diese Bergregion Kretas größter Wasserlieferant. Die wenigen Flüsse der Insel, die das ganze Jahr über Wasser führen und die zahlreichen ergiebigen Quellen, bis hinab zur Südküste, werden davon gespeist.
Eine der größten Schluchten Europas, die Samariá-Schlucht, einzigartiges Naturwunder und größter Touristenmagnet der Insel, liegt eingebettet in diese Berge und ist Heimat und Rückzugsgebiet zahlreicher seltener Pflanzen, Baumarten und der vom Aussterben bedrohten Wildziegenart der Kri-Kri.

Der Ort Lákki vor der Kulisse der Léfka Óri.

Der von üppiger Vegetation umgebene Ort Mesklá.

Hier wurde Kretas einziger Nationalpark eingerichtet (1962) – er soll dieses Naturdenkmal schützen, ist damit aber zugleich ein Magnet für täglich tausende von Besuchern geworden. Daneben gibt es für den Bergwanderer noch einige schöne, zum Teil gleichwertige und meist anspruchsvollere Schluchten, die von den Weißen Bergen nach Süden hinabziehen, so die Schlucht von Agia Iríni, die Arádhena-, die Anópolis- und die Imbros-Schlucht, um nur einige zu nennen.

In den Randbereichen der Weißen Berge finden sich zahlreiche einsame Bergdörfer. Lange Zeit vom Tourismus vergessen, haben sich hier (besonders in der Sfakiá, dem südöstlichen Teil der Weißen Berge) die Traditionen und Eigenarten der Kreter wesentlich stärker gehalten. Die Weißen Berge bieten dem ambitionierten Wanderer sehr lange und mühsame Bergtouren, etwa die Besteigung einiger hoher Gipfel der Weißen Berge von der Omalós-Ebene aus oder die Besteigung des Kástro (lange Tagestour). Die Omalós-Ebene im Westen und die Askífou-Ebene im Osten des Gebirgsmassivs bieten sich als ideale Ausgangspunkte für die schönsten und anspruchsvollen Bergwanderungen an. Besonders in der sehr heißen Sommerzeit sind Wanderungen in den Hochregionen Westkretas eine willkommene Abwechslung zum reinen Badeurlaub. In den kleinen Dörfern bieten Familien gemütliche Unterkünfte und eine gute, traditionelle Küche an.

38 Von Thérisso nach Mesklá

2.15 Std.

Bergdörfer am Fuß der Weißen Berge

Für die Kreter ist Thérisso von besonderer Bedeutung. In diesem Dorf wurde der Unabhängigkeitskämpfer und Nationalheld Kretas und einer der größten Staatsmänner Griechenlands, Eleftherios Venizelos, geboren. Man gelangt dorthin, wenn man am südwestlichen Stadtrand von Haniá die Ausfallstraße nach Perivólia/Thérisso nimmt. Schon bald zwängt sich die Straße in die platanenbewachsene schattige Schlucht. Das von viel Grün umgebene Dorf Thérisso liegt auf 550 m, vor der Kulisse der im Frühjahr schneebedeckten Weißen Berge und am Ende einer der schönsten Schluchten Kretas, die mit ihren fast senkrechten Wänden ein lohnendes Wanderziel abgibt.

Ausgangspunkt: Südliches Ortsende von Thérisso, 550 m. Das Dorf liegt am Ende der Thérissiano-Schlucht, 14 km südlich von Haniá, und ist der Geburtsort von Venizelos. Bus: Haniá – Thérisso 7.30 Uhr.
Endpunkt: Mesklá, 200 m. Bus: Mesklá – Haniá 14.30 Uhr (werktags).

Höhenunterschied: Aufstieg 200 m, Abstieg 550 m.
Anforderungen: Leichte Wanderung, zum großen Teil auf asphaltierter Straße.
Einkehr/Unterkunft: Kafenía in Thérisso, Zoúrva (einfache Gerichte) und Mesklá. Hotels und Campingplätze in Haniá.

Die Kirche von Mesklá.

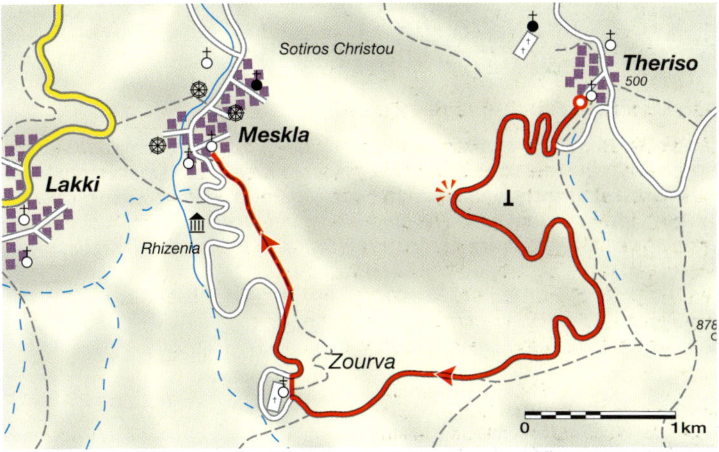

Wir verlassen Thérisso am südlichen Ortsende auf der Straße nach Zoúrva/Mesklá. Schon nach kurzer Zeit begegnen wir einer »temporeduzierenden Verkehrsmaßnahme«: Mitten in der Straße steht eine Zypresse, die sich bei herannahenden Fahrzeugen nicht von der Stelle bewegt. Immer weiter auf der Straße. In der Ferne sehen wir das Dorf Lákki mit der großen blauen Kirchenkuppel.

Am linken Ende des vordersten Bergrückens erkennen wir **Zoúrva** – wir erreichen den Ort auf der Schotterstraße, die sich unter einer hohen Felswand, von Zypressen beschattet, dorthin zieht. Ein Kafeníon mit einer gemütlichen Terrasse lädt ein zur Rast, außerdem lohnt sich eine Besichtigung der gut erhaltenen Holzbacköfen.

Anschließend gehen wir die Straße durch den Ort weiter und auf der Teerstraße am Friedhof vorbei bergab. 20 Min. nachdem wir Zoúrva verlassen haben, zweigt rechts steil nach oben ein Abkürzungspfad ab (*markiert*). 5 Min. später folgen wir einem Schotterweg, der kurz darauf nach einer Rechtskurve in einen anderen mündet. Diesen weiter links abwärts – er trifft nach 20 Min. wieder auf die von Zoúrva kommende Fahrstraße, die nach Mesklá führt. Nach dem ersten Haus von **Mesklá** führt nach links ein Abkürzungspfad in den Ort. Bald umgibt uns das Geräusch rauschenden Wassers (Orangenpflanzungen). 400 m nach einer Brücke finden wir zwei Kafenía und die Bushaltestelle.

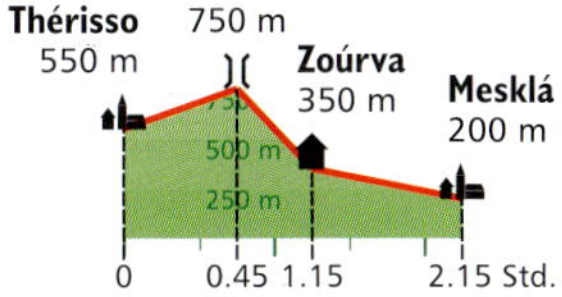

39 Von Kámbi auf die Vólika-Schutzhütte, 1260 m

6.30 Std.

Von Norden in die Weißen Berge

Die Vólika-Hütte am Nordhang der Weißen Berge ist ein gut erreichbares Tagesziel mit einem weiten Blick auf die Nordküste Kretas. Sie kann auch als Ausgangspunkt für die Besteigung des Mávri, 2069 m oder des Spáthi, 2046 m, dienen oder für eine Durchquerung der Weißen Berge. Alpine Erfahrung ist dafür aber unbedingte Voraussetzung.

Ausgangspunkt: Kirche (Bushaltestelle) in Kámbi, 25 km von Haniá entfernt. Bus: Von Haniá.
Höhenunterschied: 710 m.
Anforderungen: Teilweise markiert. Kondition und etwas Orientierungssinn erforderlich. Gutes Schuhwerk. Ausreichend Wasser mitnehmen.
Einkehr/Unterkunft: Zwei Kafenía in Kámbi; in Haniá Hotels und Campingplätze. In der Regel keine Übernachtung auf der Vólika-Hütte möglich.
Variante: Von der Hütte Besteigung des Mávri, 2069 m, oder Spáthi, 2046 m, jeweils 2 Std. einfach.

Steinerner Hirtenbau beim Aufstieg in die Weißen Berge.

Ausgangspunkt ist die **Kirche** am Dorfplatz, wo auch der Bus hält. Wenn man vor der Kirche steht, sieht man hinter dem Kafeníon in der Ferne einen bewaldeten Schluchthang. Etwas oberhalb der Baumgrenze liegt unser Ziel, die Vólika-Berghütte. Wir gehen rechts am Kafeníon vorbei die Schotterstraße genau nach Süden auf die Berge zu. Bei einer Gabelung nach einem kleinen Kafeníon und einem Wegschrein nach rechts. Bei der nächsten Weggabelung gelangen wir zwischen zwei Olivenbäumen hindurch zu den

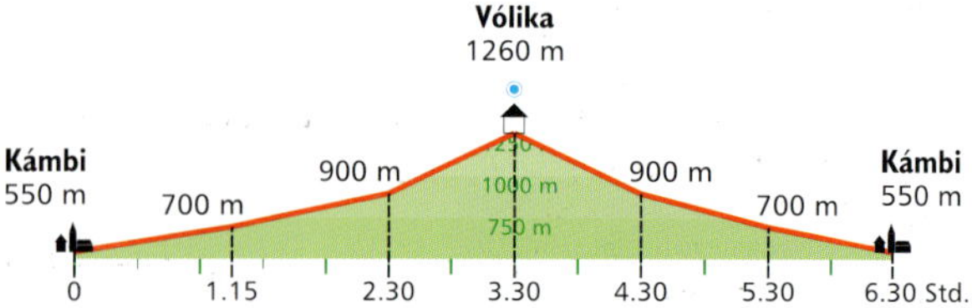

südlichen Häusern von Kámbi. Bei den Häusern gleich wieder rechts und links (nächste Gabelung) an einem Weinberg vorbei. Nach einer halben Stunde erreichen wir eine **Stallung**: vor dieser den Weg links steil hoch. Auf der Kuppe sehen wir die höchsten Gipfel der Berge und den davor befindlichen schluchtartigen Einschnitt. Rechts werden diese begrenzt durch einen hohen, höckerförmigen, bewaldeten Berg. Genau in dieser Richtung weiter (vereinzelt *Steinmänner*), dann wieder direkt auf den schluchtartigen Einschnitt zu. Ein breiter Weg überwindet einen Graben – beim Wiederanstieg ist auf einem Felsbrocken ein mit roter Farbe geschriebenes *EOS* zu erkennen.

Der Weg ist jetzt häufiger markiert, in der anschließenden Steinwüste können wir die Markierungen allerdings oft nur schwer ausmachen. Also an einem kleinen Steinhaufen rechts vorbei und durch die Steinwüste. Dann weiter über dem rechten Schluchtrand. Die Schlucht wird später gequert; der Weg ist hier deutlich genug. Weiter oben teilt sich die Schlucht. Hier folgen wir der linken **Rinne** aufwärts. Bald entdecken wir ein kleines geologisches Wunder: das Gestein ist wie Blätterteig geschichtet. Vornehmlich auf Platten geht es nun bequem hinauf zur 1260 m hoch gelegenen **Vólika-Hütte**. An Wochenenden findet man die Hütte öfters geöffnet vor – sie ist ein beliebtes Ausflugsziel der Mitglieder des Bergsteigervereins Haniá (Wasser nur in der Hütte). Rückweg wie Hinweg.

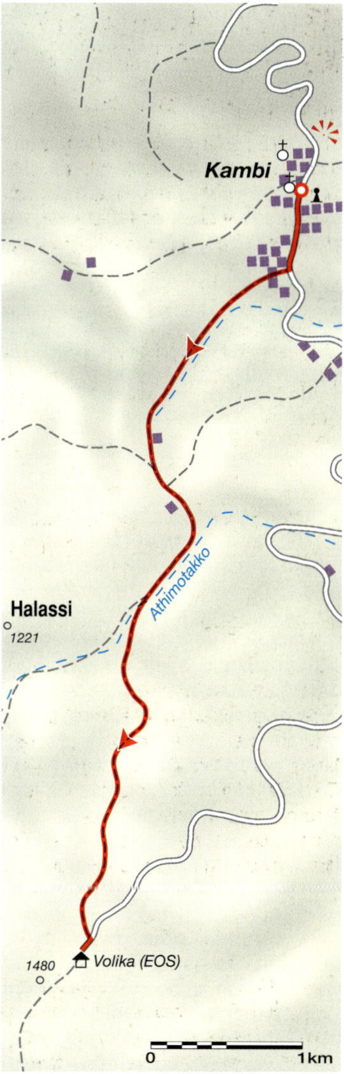

40 Abstieg von Omalós

3.15 Std.

Von den Weißen Bergen in die Schlucht von Agia Iríni

Seit der venezianischen und türkischen Besatzungszeit gibt es die alten Verbindungswege für die Maultiere. Der Weg von der Hochebene Omalós zu den Dörfern an der Südküste führt durch besonders reizvolle Landschaften und die in kurzen Teilstrecken noch gut erhaltene Weganlage gehört zum schönsten Teil dieser Route.

Ausgangspunkt: Omalós 1050 m, 36 km von Hania entfernt. Bus: Haniá – Omalós dreimal täglich von Mai bis Oktober, ganzjährig, täglich Haniá – Sóugia (Busstopp am Zugang zur Schlucht).
Endpunkt: Agia Iríni, 500 m.
Höhenunterschied: Aufstieg 250 m, Abstieg 650 m.
Anforderungen: Leichte Wanderung, anfangs auf Schotter- und Teerstraßen, gute Orientierung. Das ganze Jahr über möglich. Nach längeren Regenfällen ist die Begehung der Schlucht nicht möglich, alternativ den Abstieg in das Dorf Agia Iríni wählen.
Einkehr/Unterkunft: Tavernen und Zimmer in Omalós, in der Saison Taverne am Zugang zur Schlucht Agia Iríni.

Nach den letzten Häusern von Omalós zweigt von der Straße Richtung Samariá-Schlucht nach rechts eine Erd- bzw. Schotterstraße ab. Sie führt in einem weiten Bogen am westlichen Rand der Hochebene entlang. Nach 3 km erreicht man die neu gebaute und geteerte Verbindungsstraße von Omalós zur Strecke Haniá – Soúgia. Ansteigend geht es noch ca. 500 m auf der Straße über den westlichen Rand der Hochebene hinaus. An der linken Seite nach dem Kirchlein **A. Theodóri** (1050 m) beginnt an einem großen Parkplatz der neu angelegte Wanderweg hinab in das Dorf Agia Iríni oder direkt in die Schlucht von **Agia Iríni**.
Der anfangs schmale Weg zieht sich am rechten Hang im beginnenden Tal teilweise unter großen Kiefern abwärts. Nach wenigen Minu-

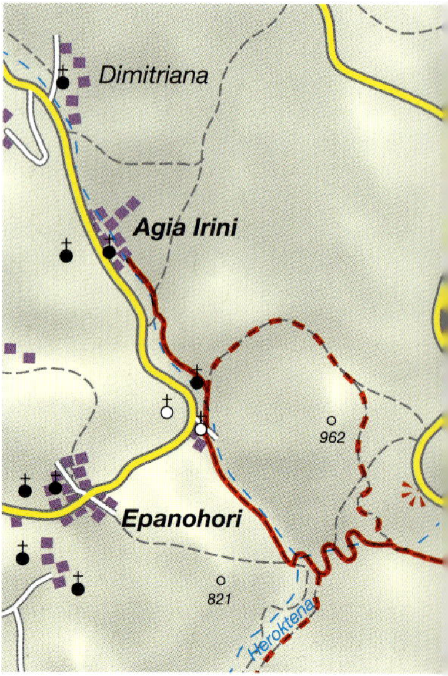

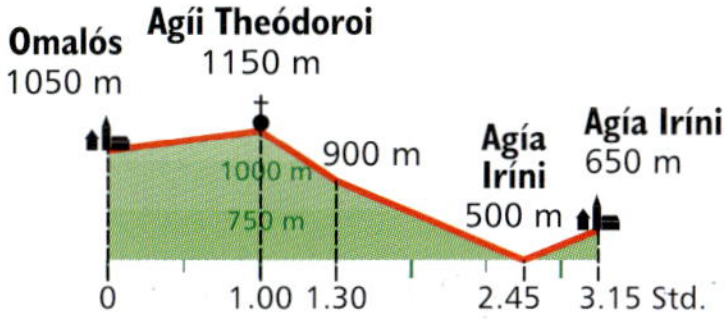

ten wandern wir dann auf dem alten gepflasterten Maultierweg abwärts. Beim Neubau der oben verlaufenden Straße wurde der alte Weg teilweise zerstört und deshalb neu angelegt. Schöne Ausblicke hinauf zu den Hochlagen der Weißen Berge, über die südwestlichen bewaldeten Randberge der Léfka Óri, bis hinab in den tiefen Einschnitt der Schlucht von Agia Iríni, begleiten uns. Etwa 30 Minuten nachdem der letzte steile Hang durch den gepflasterten Maultierweg in gleichmäßigen Serpentinen überwunden wurde, erreichen wir in einem kleinen ebenen Tal eine **Wegverzweigung**. Geradeaus verläuft der alte Maultierweg größtenteils noch gut erhalten in etwa 45 Minuten hinab ins Dorf **Agia Iríni**. Er führt am Ende über eine alte steinerne Bogenbrücke am südlichen Ende des Dorfes und trifft am Zugang zur Schlucht nahe der neuen Taverne auf den Wanderweg (Tour 21).

Wir dagegen benützen den schmalen neu angelegten Fußweg, der in das immer steiler werdende Tal Richtung Südwest hinabführt. An der rechten

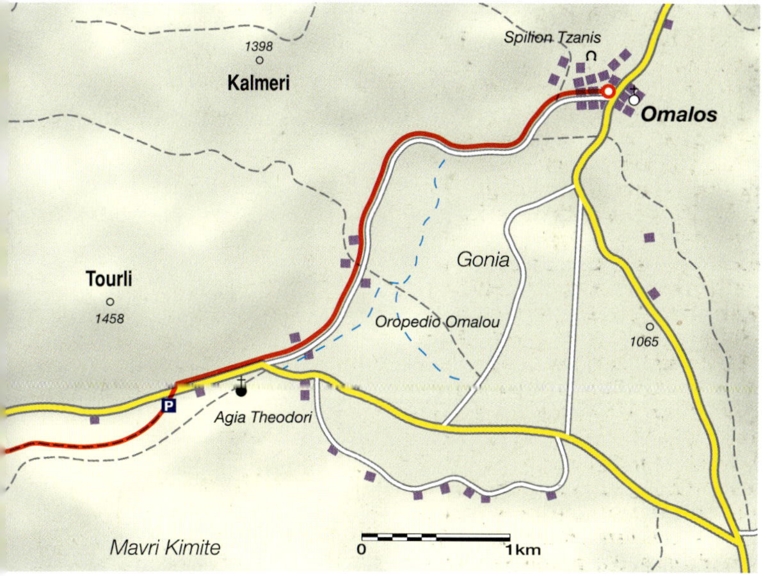

Talseite geht es anfangs über freies Hanggelände hinab; zunehmend steileres Gelände, Felspartien auf beiden Seiten und einzeln stehende Bäume lassen die Schlucht von Agia Iríni erkennen. Weiter geht es in engen Serpentinen, über Stufen werden öfters Felsblöcke und Felsstufen umgangen. Nach gut einer Stunde Abstiegsweg ab der Verzweigung erreichen wir im dichten Mischwald den Talgrund der **Schlucht von Agia Iríni**. Wir gehen am Ende an Mauerresten von Häusern und Zisternen vorbei und treffen direkt am Bach auf den gut ausgebauten Schluchtweg Agia Iríni – Soúgia. Aus einer Tafel geht hervor, dass es sich bei den Ruinen um ein altes Versteck von Partisanen aus der Zeit der türkischen Besatzung handelt. Durch die strategisch günstige Lage konnten sie in kurzer Zeit von den Bergen herab zur Südküste gelangen.
Am Bach entlang kann man nun entweder in knapp 30 Minuten aufsteigen zum Schluchtbeginn beim Dorf von Agia Iríni, oder man entschließt sich gleich, die etwa 4-stündige Wanderung durch die Schlucht von Agia Iríni anzuhängen, um an die Südküste nach Soúgia zu gelangen (siehe Tour 21).

Rechts: Durch die Schlucht Agia Iríni.
Unten: Die Hochebene Omalós in den Weißen Bergen.

41 Die Kallérgi-Hütte, 1620 m, und der Melindaoú, 2133 m

7.20 Std.

Lohnender Rundblick nach dem Aufstieg zur Kallérgi-Hütte

Die Kallérgi-Hütte bietet mit ihrer Lage den bestmöglichen Einblick ins Zentrum der Weißen Berge: Hinab ins Tal von Samariá und auf eine weite Runde von Berggipfeln wie Gíngilos, Volakías, Melindaoú und Pachnés.

Ausgangspunkt: Xylóskalo, 1227 m, am oberen Rand der Omalós-Ebene, direkt am Eingang zur Samaría-Schlucht, oder 800 m vorher, wo nach links die Schotterpiste zur Kallérgi-Hütte abzweigt (Beschilderung). Bus: Haniá – Omalós mehrmals täglich (Mai – Oktober), letzte Rückfahrt von Xylóskalo nach Haniá: 16.00 Uhr.
Höhenunterschied: 1300 m.
Anforderungen: Leichte, aber anstrengende Bergwanderung, die halbe Strecke kann auf einer Schotterpiste zurückgelegt werden, sonst schmaler Steig (Markierung vorhanden). Gutes Schuhwerk. Kein Schatten. Kein Trinkwasser unterwegs.
Einkehr/Unterkunft: In Omalós Pensionen und Hotel; Kallérgi-Hütte Lager (tel. Anfrage notwendig, ☏ 0821/74560), Einkehr Mai–Okt.; Xylóskalo Taverne und Kiosk.

Vom oberen Rand der **Omalós-Ebene** aus zieht ca. 1 km vor dem Parkplatz nach links eine Schotterpiste in steilen Serpentinen bis zur **Kallérgi-Hütte**, 1677 m, hinauf. Eine gute Stunde braucht man für diesen Aufstiegsweg. Kürzer und schöner jedoch ist der knapp einstündige **Fußweg** zur Hütte (vor dem Schluchteingang links den Hügel querend hinauf, nur die zweite Hälfte auf der Straße).

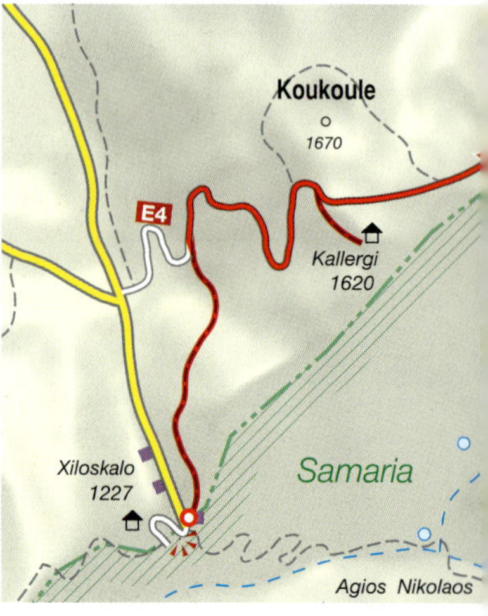

Von der **Hütte** aus folgt man zunächst wieder der Schotterstraße nach Osten. Sie windet sich in vielen Kehren durch die kargen Hügel abwärts und gelangt nach knapp einer Stunde zum **Hirtensattel** unterhalb des Berges Psári. Ein großes, braunes *Hinweisschild* mit griechischer Schrift zeigt den Aufstiegsweg an, ein Stück weiter oben beginnen deutliche rot-weiße Markierungspunkte. Fast weglos geht es durch freies Gelände. Schotterhügel, Steine und größere Felsen mit spärlichem Bewuchs prägen die Landschaft. Dafür aber bietet sich ein ständig wechselnder

Blick über die tief eingeschnittene Samariá-Schlucht hinweg zum Melindaoú.

Ausblick, mal nach Norden hinab zur Küste, mal nach Westen über das Samariá-Tal zur gegenüberliegenden Gebirgskette. Nach knapp einer Stunde erreichen wir den Gipfel des **Psári** und nach weiteren 30 Minuten über den Rücken den Nachbargipfel **Mávri**. Es folgt ein leichter Abstieg in die nächste Mulde. Wir lassen einen Gipfel links liegen und folgen der gelben Markierung über den Grat zum Gipfel des **Melindaoú**, 2135 m. Erst jetzt sieht man die weiteren Kegel der noch ein wenig höheren Gipfel des Pachnés-Massivs. Eine beeindruckende Landschaft – nur Geröll, Felsen, kegelförmige Berge; kein Laut ist zu hören. Rückweg wie Hinweg.

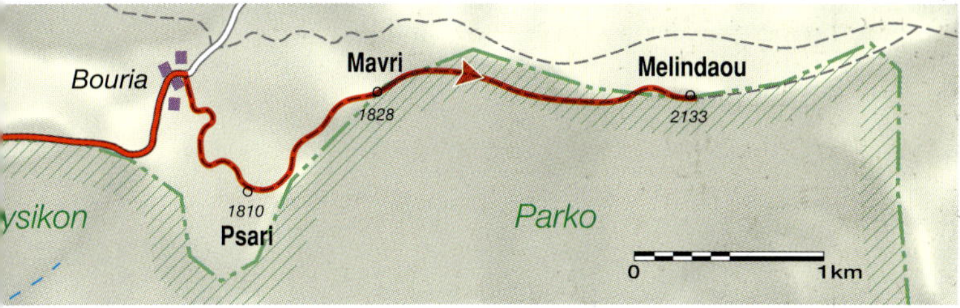

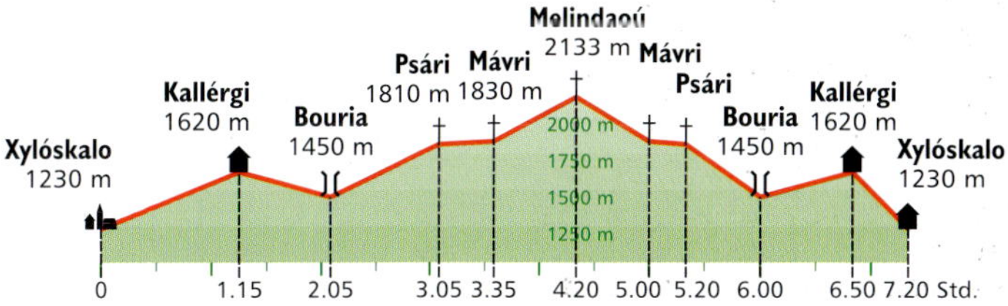

42 Koukoúle, 1670 m

5.30 Std.

Rundwanderung von Omalós

Diese anfangs einfache, später mühsame Wanderung bietet beeindruckende Ausblicke auf die Bergwelt der Léfka Óri und schöne Tiefblicke auf die Hochebene von Omalós, setzt aber sicheres Absteigen im steilen, weglosen Gelände voraus; stabile Bergschuhe sind unbedingt nötig.

Ausgangspunkt: Omalós, 1050 m, 36 km von Hania entfernt. Bus: Haniá – Omalós dreimal tägl. Mai bis Okt., Haniá – Sóugia ganzj. tägl. (Busstopp am Zugang zur Schlucht).
Höhenunterschied: 700 m.
Anforderungen: Mittelschwierige Wanderung. Anfangs Teer- und Schotterstraßen, sonst weglos, viel Geröll. Bei schlechter Sicht ist die Orientierung im weglosen Gelände ab der Kallérgi-Hütte sehr schwierig. Für den längeren weglosen, mühsamen Abstieg sind Wanderstöcke empfehlenswert. Nur in der schneefreien Zeit möglich (ca. Mai bis November).
Einkehr/Unterkunft: Tavernen/Zimmer in Omalós, Taverne/Kiosk am Zugang zur Samariá-Schlucht (Saison), Übernachtung/Essen in der Kallérgi-Hütte (Voranmeldung empfohlen, Tel: 08210/ 74560, bewirtschaftet Mai bis Oktober).

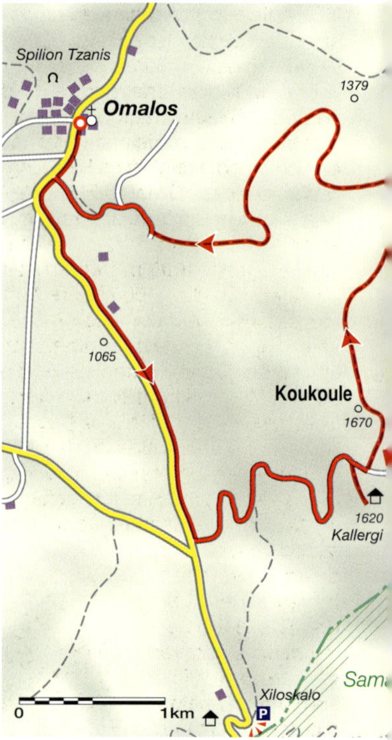

Von **Omalós** aus geht es leicht ansteigend der Teerstraße folgend in 45 Minuten bis zum oberen (südlichen) Rand der flachen Ebene. Ein Kilometer vor dem Straßenende, an einer *E4-Tafel* und einem *Hinweisschild* zur Kallérgi-Hütte, folgen wir nach links (Osten) der Schotterpiste, die sich in vielen Serpentinen bis zum Sattel vor der **Kallérgi-Hütte** zieht (siehe Tour 41). Die Kallérgi-Hütte (1620 m) ist ein idealer Rastplatz vor der Wanderung über die Hügelkette und vor dem Abstieg hinab zur Ebene. Vom Hüttenvorplatz hat man einen umfassenden und überwältigenden Blick auf die Samariá-Schlucht sowie viele Gipfel der Léfka Ori. Nördlich der Hütte beginnt mit dem **Koukoúle** (1670 m) eine Hügelkette, die den östlichen Rand der Omalós-Ebene bildet. Über Wegspuren und Ziegenpfade wandert man mit phantastischen Tiefblicken oberhalb der Omalós-Ebene.

Der Gipfel des Volakiás.

Von der Kallérgi-Hütte geht es das kurze Stück zurück zum Sattel und weiter auf der Schotterpiste Richtung Hirtensattel. Bereits nach etwa 200 m links ab und hinauf auf den ersten Hügel, den Koukoúle (1670 m); eine Betonsäule markiert diesen trigonometrischen Punkt. Man folgt dem Kammverlauf weiter Richtung Norden; Schafspuren weisen den Weg. Der Steig verläuft teils direkt am Kamm, teils links oder rechts wenige Meter tiefer. Ein kleiner Gegenanstieg bringt uns zur nächsten Kuppe (1660 m); ab hier geht es Richtung Nordwest, jetzt wird der Blick hinab zum weiten Oval der Omalós-Ebene frei. Man wandert immer am ausgeprägten flachen Kammverlauf, der der Omalós-Ebene am nächsten liegt. Nach etwa einer Stunde ab Koukoúle erreichen wir an einem Steinmann den letzten flachen Hügel (P 1580 m); wir sind bereits auf der Höhe der Ortschaft Omalós, die links (westlich) 500 Meter tiefer unter uns liegt. Weglos und mühsam steigen wir den Westhang hinab; Schotter, größeres Blockgestein und bizarre Wurzelstöcke bestimmen das Bild; steilere und felsige Stellen werden umgangen. Tiefer unten beginnt ein Tal, teils bewaldet, teils mit Schotter bedeckt. An seinem linken Rand steigen wir weiter ab, immer auf eine Schotterstraße zu, die unterhalb des Hügels an einem Feld endet. Das Ende dieser Schotterstraße ist unser Orientierungspunkt. Der Abstieg führt teils unter großen Zypressen hindurch, vorbei an hell gebleichten, abgestorbenen Baumriesen, teils durch dichtes Buschwerk und Blumenpracht. Erst die letzten 100 Höhenmeter sind etwas angenehmer zu gehen. Die Schotterstraße führt dann in einem weiten Linksbogen hinaus auf die Ebene und erreicht dort, kurz vor den ersten Häusern von Omalós, die Teerstraße.

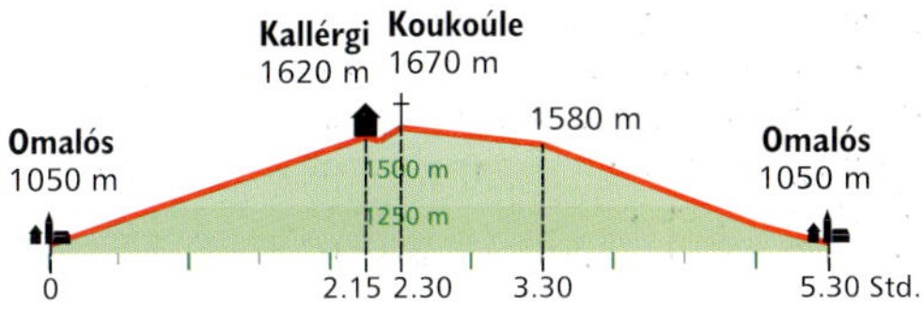

43 Gíngilos, 2080 m, und Volakías, 2115 m

6.45 Std.

Zweitausender über der Samariá-Schlucht

Die Omalós-Hochebene mit zahlreichen Übernachtungsmöglichkeiten ist idealer Ausgangspunkt für eine ganze Reihe von Bergbesteigungen in den Weißen Bergen.

Ausgangspunkt: Xylóskalo, 1227 m, der obere Rand und zugleich südlichste Punkt der Hochebene von Omalós. Etwa eine ¾ Std. Gehzeit muss man für die Straße von Omalós quer durch die Hochebene rechnen. Bus: Siehe Tour 41.
Höhenunterschied: 1300 m.
Anforderungen: Mäßig schwierige Bergbesteigung, zum Teil im felsigen Gelände, Trittsicherheit und Schwindelfreiheit notwendig, im Frühjahr bedecken ausgedehnte Schneefelder oft die vielen Löcher und Karsthöhlen (Einbruchgefahr).
Einkehr/Unterkunft: Siehe Tour 41.

Direkt am Eingang zur Samariá-Schlucht, beginnt der Anstieg, hinauf zur ehemaligen Schutzhütte **Xénia**. Direkt an ihrem Eingang vorbei (von der Terrasse lohnender Rundblick), geht es an einem *Hinweisschild*, das auf die Quelle oberhalb hinweist, links den steilen Hang hinauf. Wir verfolgen den gut ausgebauten Weg, der in vielen Serpentinen den steilen Bergrücken hinaufzieht. Nach ca. 30 Minuten quert der Weg leicht fallend in das von der Samariá-Schlucht heraufziehende enge Seitental hinab. Mit ihren vielen großen alten Kiefern, bizarren Wurzelgebilden und steilen und mächtigen Felsformationen ist diese Landschaft durchaus mit den hochalpinen Regionen unseres Alpenraums vergleichbar. Immer wieder ergibt sich ein schöner Blick über die tief unter uns liegende Samariá-Schlucht hinweg auf die gegenüberliegenden Berge. Durch ein großes Felsentor wandern wir weiter in die Schlucht hinab; nach gut einer Stunde erreichen wir die **Quelle**, die in 1700 m Höhe mitten aus dem Geröll entspringt und den Wanderer das ganze Jahr über mit köstlich klarem Wasser versorgt. Von der Quelle führt ein schmaler Steig in vielen Serpentinen hinauf auf den **Sattel** zwischen Psiláfi und Gíngilos, 1850 m (schöner Blick über die Trípiti-Schlucht

Der breite Felsenrücken des Gíngilos. Am linken Bildrand der Volakías.

zum Libyschen Meer). Der Steig zieht nun, vorbei an einer tiefen, 150 m senkrecht nach unten führenden Höhle (mit einem Geländer abgesichert), den steilen Felshang hinauf – für diesen Aufstieg ist Trittsicherheit und Schwindelfreiheit notwendig, an manchen steileren Stücken müssen auch die Hände für das nötige Gleichgewicht sorgen. *Steinmännchen* und *rote Markierungspunkte* weisen den Weg, und über meist sehr festen Fels erreichen wir den flachen Gipfelaufbau, wo eine Steinpyramide den Gipfel des **Gíngilos** markiert. Ein faszinierender Rundblick: im Norden Haniá mit der Küstenregion, unter uns die fast kreisrunde Omalós-Ebene, im Osten die Weißen Berge und im Süden die Inseln Gávdos und Gavdopoúla.
Ein kurzer Abstieg nach Süd-Ost, eine Querung, und nochmals 150 Höhenmeter, und wir stehen auf dem zweiten Gipfel, dem **Volakías**, 2115 m. Bei einer längeren Pause genießen wir hier in aller Ruhe den Ausblick.
Auf dem Rückweg queren wir weglos den Südhang etwas unterhalb des Gipfelpunktes des Gíngilos und erreichen vor dem Steilstück wieder die bekannte Aufstiegsroute, die uns zurück zum Ausgangspunkt bringt.

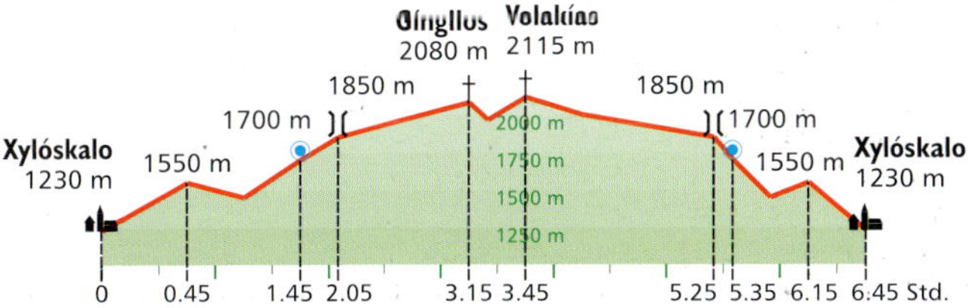

44 Die Samariá-Schlucht

5.30 Std.

Die meistbegangene Wanderstrecke durch den Nationalpark Kretas

Die Nationalparkregion erstreckt sich von Omalós durch das Tal von Samariá bis zum alten Ort Agia Roumeli und schließt die östlich und westlich benachbarten Berge mit ein. Seit 1902 existiert dieses Schutzgebiet, um die einzigartige Fauna und Flora zu schützen. Auf unserer Tour steigt man von 1300 m Höhe auf einer Länge von etwa 16 km aus der Hochgebirgslandschaft hinab in ein unvergleichlich schönes Gebirgstal, durchwandert im Mittelteil die engen Schluchtpassagen und erreicht schließlich die Talöffnung und das Meer. Größere Gegensätze sind selbst auf dieser Insel nicht mehr möglich. Leider sind die Auswirkungen des Massentourismus gerade in dieser besonders schönen und schutzbedürftigen Region sehr deutlich zu sehen. Da in der Hochsaison täglich mehrere tausend Besucher durch die Schlucht wandern, findet man kaum Ruhe, um zu schauen und die Berglandschaft zu genießen. Ein möglichst frühzeitiger Aufbruch lohnt sich daher in jedem Fall.

Ausgangspunkt: Xylóskalo, 1227 m, der obere Rand und zugleich südlichste Punkt der Hochebene von Omalós, am Ende der Verbindungsstraße vom 42 km entfernten Haniá. Bus: Haniá – Omalós dreimal täglich von Mai bis Oktober.

Endpunkt: Agia Roumeli, 5 m, siehe Tour 22. Schiff: Agia Rouméli – Hóra Sfakíon mehrmals täglich.

Höhenunterschied: Abstieg 1300 m.

Anforderungen: Leichte, aber lange und mühsame Schluchtwanderung, gute Weganlage, Teilstrecken im Geröll. Im unteren Teil Bachquerungen, vor allem im Mai noch höherer Wasserstand. Gute Schuhe auch bei sicherem und trockenem Wetter notwendig (wegen der vielen staubbedeckten, blank geschliffenen

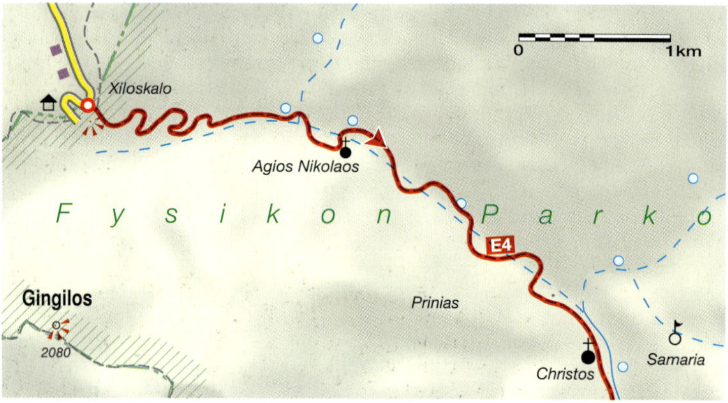

Steinstufen). Eintritt: 5 Euro.
Einkehr/Unterkunft: In Haniá, Omalós und Agia Rouméli zahlreiche Tavernen und Pensionen. In Xylóskalo Kiosk und Taverne, keine Übernachtungsmöglichkeit.

Anfangs geht es fast eine Stunde lang über hunderte von Stufen steil bergab. Auf der rechten Talseite erhebt sich der mächtige Gíngilos mit seiner über 1000 m hohen Felswand. Der Weg ist gut ausgebaut und an allen notwendigen Stellen mit Geländer versehen. Jedes Jahr sind umfangreiche Renovierungsarbeiten am Weg notwendig, da Regen und Schnee oft schlimme Verwüstungen anrichten. Während der Winterzeit (Oktober bis Mai) ist die Schlucht ohnehin geschlossen (der Eingang wird zu dieser Zeit bewacht), da immer wieder erheblicher Steinschlag und Felssturz den Weg gefährden; dies gilt übrigens für die meisten Schluchten in Kreta. Nach dem Kirchlein **Agios Nikólaos** verläuft der Weg neben dem Flussbett. Der große Artenreichtum an Bäumen und alpinen Pflanzen, große Felsblöcke und viele Quellen machen die einmalige Schönheit dieses Tales aus. Bis zur ehemaligen Siedlung Samariá führt der Weg meist im Schatten von großen Kiefern und Zypressen. Ein Talkessel tut sich auf und erlaubt den Blick nach oben zu den mächtigen Bergmassiven des Pahnés und Volakías. Das alte Dorf **Samariá**, das wir nach 3 Stunden Fußmarsch erreichen, liegt an einer verhältnismäßig engen Stelle des Tales, so dass es nachmittags nur wenige Stunden

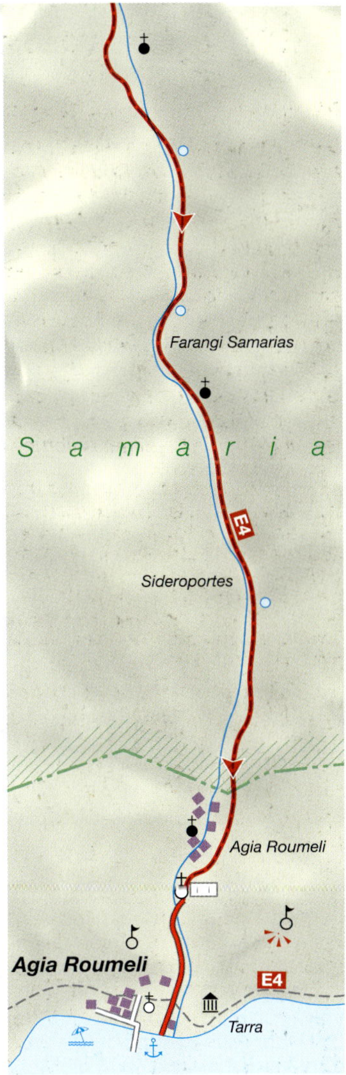

Bogenbrücke am alten Dorf von Agia Rouméli.

Sonne erhält. Einige der alten Häuser wurden renoviert und dienen jetzt als Erste-Hilfe-Station, als Informationsstelle und als Unterkunft für die Arbeiter des Nationalparks. Das Tal wird immer enger, die teilweise überhängenden Wände sind oft mehr als 300 m hoch, dann passieren wir die **Sideropórtes** (Eisernen Pforten), mit nur drei Metern Breite die engste Stelle der Schlucht. Plötzlich, nach der Engstelle, tritt man schließlich nach langer Zeit hinaus in die volle Sonne und spürt die Hitze der Südküste.

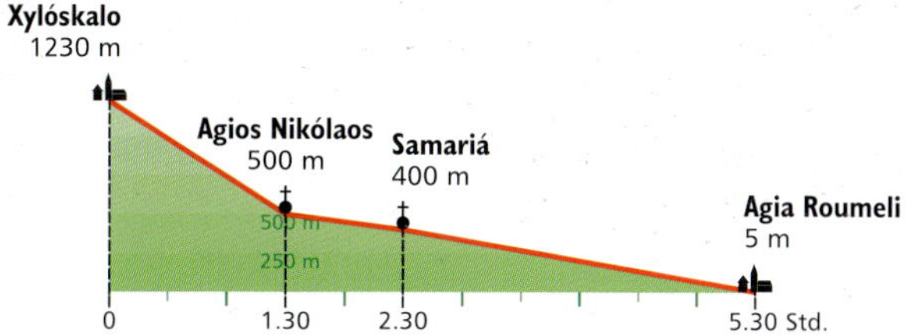

Im **alten Dorf Agia Rouméli** ist die Nationalparkgrenze erreicht. Ein halbes Dutzend schnell aufgestellter Kioske bieten all das, was anscheinend in den wenigen Stunden vermisst wurde. Durch die Ruinen des alten Dorfes geht es nun in 15 Minuten zum neuen Ort **Agia Rouméli**, der direkt am großen Kiesstrand erbaut wurde. Hier werden die ankommenden Besucher aufgenommen und verköstigt, bis sie mit den Fähren weiterfahren.
Es empfiehlt sich jedoch hier zu bleiben und erst am nächsten Tag weiter zu wandern oder zu fahren, denn die Abendstunden bringen eine ungewöhnliche Ruhe und Beschaulichkeit und lassen etwas erahnen von der jahrhundertelangen Abgeschiedenheit dieses Ortes.

Am Ausgang der Samariá-Schlucht liegt das neue Dorf Agia Rouméli.

45 Der Kástro, 2218 m

9.30 Std.

Von Amoudári über die Távri-Hütte auf den Kástro

Die Besteigung des Kástro, des östlichsten Zweitausenders der Weißen Berge, erfordert gute Kondition, Trittsicherheit, Orientierungsvermögen und eine stabile Wetterlage, da es eine lange Tagestour ist und es so gut wie keine Unterstellmöglichkeiten gibt. Gewitter, die in Kreta bis in den Sommer hinein und auch im Herbst möglich sind, bilden sich sehr schnell und sind heftiger und gefährlicher, als wir sie von den Alpen her kennen.

Ausgangspunkt: Amoudári, 740 m, auf der Askífou-Ebene, an der Verbindungsstraße Vrísses – Hóra Sfakíon. Busverbindung: Haniá – Hóra Sfakíon über Vrísses und umgekehrt mehrmals täglich.
Höhenunterschied: 1500 m.
Anforderungen: Mittelschwere, teilweise anstrengende und mühsame Bergwanderung – zum großen Teil im weglosen Gelände, das sicheres Gehen verlangt. Für das scharfkantige Blockgestein und die zahlreichen Felsplatten sind stabile Trekking- oder Bergschuhe notwendig. Bei ausgedehnten Altschneefeldern in den Hochlagen ist Vorsicht geboten, da wegen der zahlreichen tiefen Felslöcher und Felsspalten Einbruchgefahr besteht.
Einkehr/Unterkunft: Zimmer und Tavernen in Amoudári, Vrísses, Hóra Sfakíon.

Das 740 m hoch gelegene Dorf Amoudári dient als Ausgangspunkt für unsere Bergtour. Von der Hauptstraße Richtung Hóra Sfakíon zweigt eine Straße rechts ab zur Kirche. An der Kirche vorbei bergauf, an einer Molkerei vorbei, führt die Straße in vielen Windungen die steile Hügelkette hinauf zur ersten Hochebene. In der ersten engen Linkskurve 100 m nach der Molkerei gehen wir geradeaus, dem alten Weg folgend, an einer großen neuen Zisterne und links an einem Schafstall vorbei, in den Wald hinein nach oben. Nach etwa einer halben Stunde überqueren wir die **Schotterstraße** und verfolgen auf der anderen Seite wieder den alten Fußweg (ab hier *E4-Markierung*).

Etwas weiter, aber einfacher zu finden: über eine Schotterpiste die zu neuerer Schafstallung führt, in der zweiten Kurve. Gut mit Steinmänn-

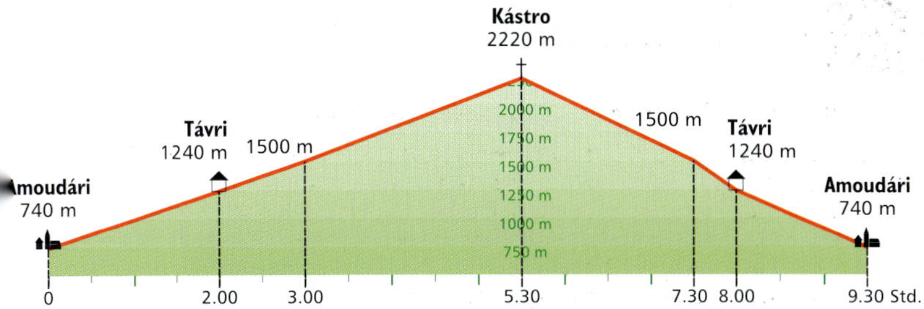

chen markiert. Der Weg zieht sich im lichten Bergwald aus Kiefern und Eichen in Serpentinen nach oben und überwindet auf 1150 m Höhe den Rand der ersten Hochebene. Leicht bergab gelangen wir in flaches, landwirtschaftlich genutztes Gelände und treffen wieder auf die Schotterstraße. Dieser folgen wir nach links und erreichen nach einem weiten Bogen eine Abzweigung.

Links, in 500 m Entfernung, liegt die neu erbaute **Távri-Hütte** der Sektion Haniá des EOS. Rechts wandern wir in einer weiten Schleife auf die zweite Ebene, die sich fast kreisrund und völlig eben auf einer Höhe von 1240 m ausbreitet. Am Beginn dieser Ebene liegt rechts, 30 m von der Straße entfernt, eine große Zisterne. Von hier aus hat man auch einen guten Überblick über den weiteren Wegverlauf. Die Straße führt in einem weiten Bogen außen um die Ebene, wir hingegen durchqueren die Fläche und halten auf

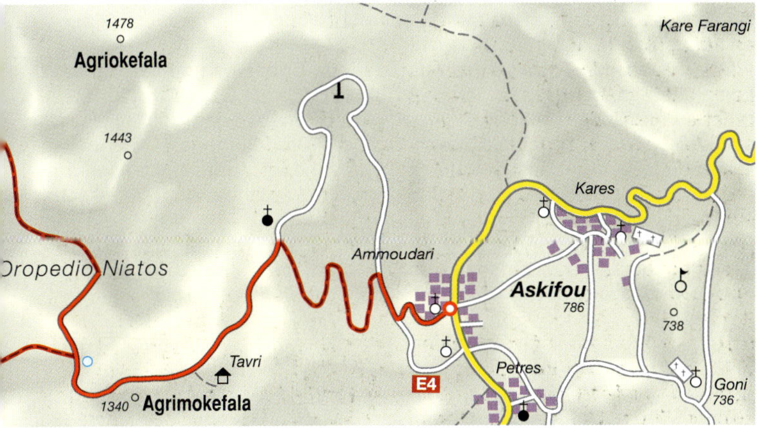

den rechten (nördlichen) Rand zu. Die beiden nach Osten herabziehenden Gratrücken, die an der Ebene enden, bilden jeweils die Aufstiegs- und Abstiegsroute. Am oberen Rand der Ebene treffen wir wieder auf den Fahrweg und folgen diesem bis zum **Ende** (1 Std. ab der EOS-Hütte). Wir befinden uns nun wieder auf dem alten Weg, der über einen kleinen Sattel, leicht bergab, zu einer alten Zisterne im Schatten von großen Bäumen führt. Wir folgen aber ein Stück vorher links aufwärts den deutlich sichtbaren E4-Stangen. Wir steigen gut eine halbe Stunde lang über scharfkantiges Gestein, Felsplatten und durch dichtes Gestrüpp hinauf, bis sich schließlich bei 1500 m ein weiter **Kessel** vor uns auftut. Der Gratrücken, der den Kessel auf der rechten Seite begrenzt, führt uns hinauf zum Gipfelmassiv des Kástro – es besteht aus drei fast gleich hohen Kegeln, der linke ist der Gipfelpunkt.
Wir folgen jetzt immer den E4-Markierungen direkt am Grat nach oben. Bei 1950 m Höhe zweigt der E4 nach Westen ab. Wir queren weglos über Felsplatten und Geröll den ersten Kegel nach links und erreichen nach kurzem Abstieg einen Geröllkessel; bis ins späte Frühjahr liegt hier Schnee. Am mittleren Kegel vorbei, erklimmen wir über steiles Blockgeröll den vor uns steil hinaufziehenden Grat. Er führt auf das Gipfelplateau des **Kástro**. Der weglose Aufstieg hat 2½ Stunden in Anspruch genommen – nun genießen wir die Aussicht: Nord- und Südküste sind zu sehen, zahlreiche Dörfer, die Askífou-Ebene tief unten und die endlosen Felsformationen und Geröllkegel der Weißen Berge.
Der Abstiegsweg verläuft direkt in östlicher Richtung über den breiten Gratrücken hinab. Erst mäßig abwärts, dann ein kürzeres Steilstück, das in einem völlig ebenen **Gratstück** endet. Bevor es wieder sehr steil nach Osten zur zweiten Ebene abbricht, queren wir rechts hinab in die unter uns liegende flache **Senke**.
Wir verfolgen den Taleinschnitt auf die große Ebene zu und steigen über Felsplatten im zeitweilig steileren Gelände durch ein Gewirr von Karsteinbrüchen und scharfkantigen Felsformationen hinab in das kleine Seitental und diesem folgend auf die **Ebene** hinaus. 2 Stunden mühsamer Abstieg liegen hinter uns und fast bequem geht es auf dem bereits bekannten Aufstiegsweg in weiteren 1½ bis 2 Stunden zurück nach Amoudári, unserem Ausgangspunkt.
Bei schlechten Sichtverhältnissen oder plötzlichem Wetterumschwung sollte wegen der besseren Orientierung unbedingt der Aufstiegsweg als Rückweg gewählt werden. Der Kastro ist bekannt wegen seiner häufigen Gewitter.

Auf der zweiten Hochebene endet die Straße; ab hier geht es weglos weiter auf den Gipfel.

Das Ida-Massiv

Das im östlichen Teil des Kreises Réthimnon liegende Ida-Massiv ist von jahrtausendealten Mythen aus der kretischen Götterwelt beseelt. Hoch oben in einer Höhle (Ideon Andron) wurde der junge Zeus versteckt und wuchs im Schutz der lärmenden Kureten auf. In der Kamáres-Höhle an den Südhängen des Gebirges grub man wertvolle Keramiken aus, die einer ganzen Kunst-Epoche den Namen gaben. Wer je auf dem höchsten Gipfel dieser Berge gestanden hat, der kann das göttliche Gefühl empfinden, wenn sich das Blau des Himmels mit der Sonne vermischt und Land und Meer darunter verschwimmen.

Der höchste Berg dieses Kalksteingebirges ist der Psiloritis mit 2456 m – damit ist er nur ganze drei Meter höher als der höchste Punkt der Weißen Berge. Den Gipfel markiert die Kapelle Tímios Stavrós. Im Winter sind die höheren Lagen tief verschneit, jedoch bleibt der Schnee nicht so lange liegen wie in den Weißen Bergen. Trotzdem wird an die Errichtung eines Skizentrums gedacht. Landschaftlich nicht so wild wie die Weißen Berge im Westen, finden sich im Bergmassiv des Ida nahezu unzugängliche Schluchten, die zum

Steinbauten der Schäfer oberhalb der Nídha-Ebene.

Der Psiloritis (2456 m) von Süden aus.

Rückzugsgebiet vom Aussterben bedrohter Tierarten wie dem Bart- und Gänsegeier geworden sind.
An den Nordhängen des Gebirges liegen zahlreiche Dörfer, die vom Wasserreichtum des quellenreichen Bergmassivs profitieren. Die hauptsächliche Lebensgrundlage der Bewohner ist aber die Schaf- und Ziegenhaltung zur Gewinnung von Milchprodukten, Fleisch und Wolle. Unter den vielen Dörfern hier hat sich das Töpferdorf Margarítes zu einem Anziehungspunkt entwickelt. Aber auch das Weberdorf Anógia ist zu einem Magneten für die Touristen geworden, nicht zuletzt deshalb, weil man von ihm auf einer 21 km langen Straße zu der auf 1370 m hoch gelegenen, fast kreisrunden Nídha-Ebene und der Ideon-Andron-Höhle hochfahren kann. Dort oben beginnt der kürzeste Anstieg auf den Psíloritis. Am nordöstlichen Bergfuß des Psiloríitis, nur 23 km von Réthimnon entfernt, liegt das wegen seines heldenhaften Widerstandes gegen die Osmanen zur nationalen Gedenkstätte erhobene Kloster Arkádi. Im Westen verliert das Gebirgsmassiv jäh an Höhe und wird fast vollständig durch das Amári-Becken begrenzt. Von den Dörfern an den Südausläufern ist Zarós wegen seiner ergiebigen Quellen geschätzt. Hier betreibt man erfolgreich eine Forellenzucht, aber auch die in die Berge führende Schlucht lädt zu einer schönen Wanderung ein. Die südlichen Bergausläufer des Ida verlieren sich schließlich im größten landwirtschaftlichen Anbaugebiet der Insel, der fruchtbaren Messará-Ebene. Nach Osten markiert die Straße von Iráklion nach Agii Déka die Grenzlinie.

46 Auf den Psiloritis, 2456 m

7.00 Std.

Von der Nídha-Ebene auf den Tímios Stavrós, den höchsten Gipfel Kretas

Bei der hier beschriebenen Wanderung handelt es sich um den kürzesten Anstieg auf den Gipfel des Psiloritis. Die Fahrstraße von Anógia führt uns bereits auf eine Höhe von fast 1500 m. Sie endet unterhalb der Idäischen Grotte (Ideon Andron), jener Höhle über der Nídha-Hochebene, in der das Zeuskind vor seinem rachsüchtigen Vater Kronos verborgen wurde und aufgewachsen ist. Die Ausgrabungen in der Höhle wurden 1884 durch den Archäologen E. Fabricius eingeleitet. Bei einer weiteren Grabung wurden 1955 wertvolle Keramiken und Bronzegegenstände zu Tage gefördert. Auf weiteres Glück hofft auch der griechische Archäologe Jannis Sakellarakis, der in den letzten Jahren den Höhlenboden systematisch durchsieben ließ. So blieb die Höhle in den letzten Jahren für die Öffentlichkeit leider verschlossen. Die Ausgrabungsgegenstände können im Archäologischen Museum in Iráklion besichtigt werden.

Ausgangspunkt: Pavillon auf der Nídha-Ebene, 21 km von Anógia. Bus: Réthimnon – Anógia zweimal täglich. Iráklion – Anógia sechsmal täglich.
Höhenunterschied: 1200 m.
Anforderungen: Hochtour, weithin sichtbare E4-Markierungen, nur bei sicherem Wetter und entsprechender Ausrüstung. Ausreichend zu trinken mitnehmen. Bei etwaigen Schneefeldern ist Trittsicherheit und Erfahrung erforderlich.
Einkehr/Unterkunft: Taverne am Ausgangspunkt, wenige Zimmer; in Anógia Tavernen, Zimmer.
Variante: Abstieg vom Gipfel über die Berghütte des EOS nach Fourfourás (E4) oder Kouroútes (Amári-Becken).

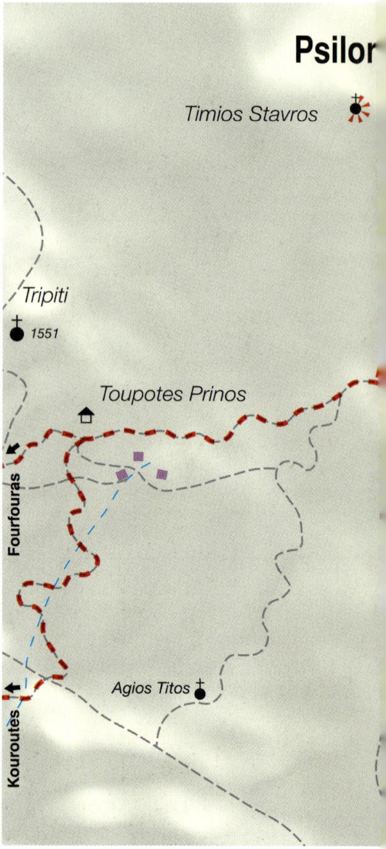

Wir beginnen die Wanderung an der neu erstellten **Taverne** am Ende der Fahrstraße. Zuerst steigen wir die Schotterstraße weiter aufwärts bis zur **Kapelle Análipsi** und verlassen diese in der nächsten langen Kurve, wo ein *markierter* Pfad wegführt. Langsam ansteigend den Hang entlang nach Süden, dann rechts in einen Einschnitt Richtung Norden. Verschiedene Markierungszeichen wechseln sich ab, doch kann man neuerdings den weithin sichtbaren E4-Markierungen folgen. Oben überblicken wir eine kleine Talsohle, die zur **Alp Kóllita** gehört, und steigen südwestlich zu dieser ab (ca.

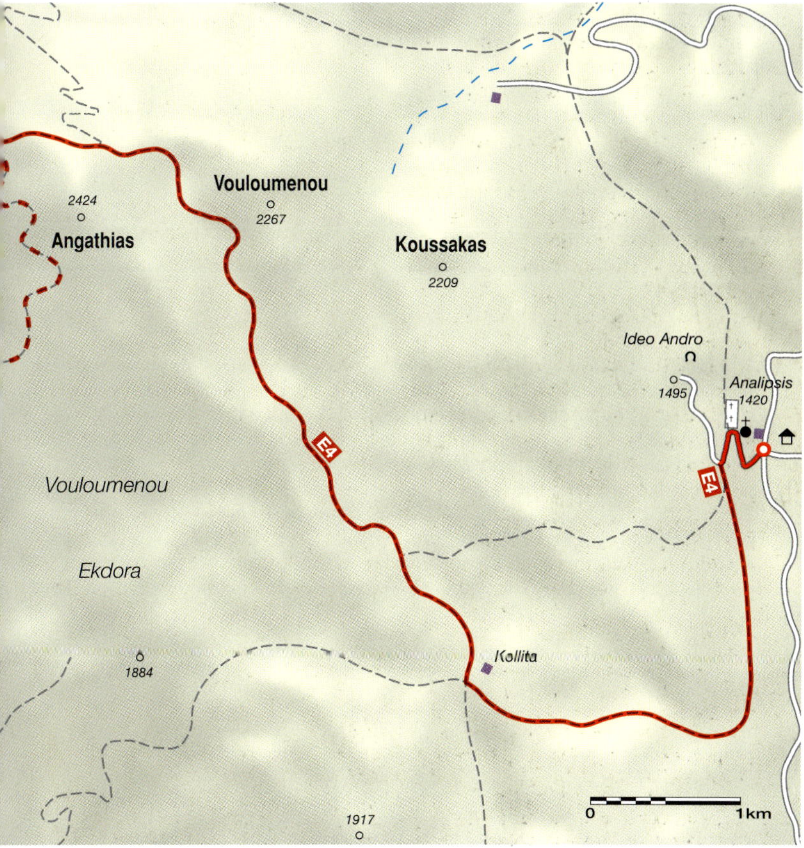

Rast auf dem Weg zum Psilorítis-Gipfel.

100 Höhenmeter). Hier treffen wir nach 2¾ Stunden auf den von Kamáres kommenden Aufstiegsweg. Von der Alp Kóllita zieht sich ein langer Einschnitt nach Nordwesten hoch. Nach etwa 4¼ Stunden umschreiten wir ein kraterähnliches Loch rechts, schwenken nach Nordwesten und halten uns dann etwas links auf einen westwärts ziehenden Sattel. Auf seiner nördlichen Flanke erreichen wir den höchsten Punkt des Ida-Gebirges, den die 2456 m hoch gelegene **Kapelle Tímios Stavrós** in einer Steinhütte markiert. Daneben ein Unterschlupf und eine Zisterne. Der Fernblick ist atemberaubend: im Norden das Kretische Meer, im Süden die Gewächshäuser der Messará-Ebene und das Libysche Meer und im Westen die Weißen Ber-

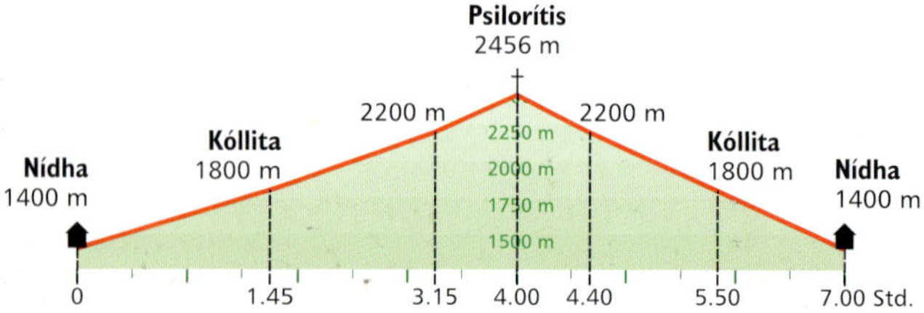

ge. Im Grau der Felslandschaft nur schwer erkennbar, sehen wir südwestlich unter uns die Berghütte der Bergsteigervereinigung Réthimnon. Der Rückweg vollzieht sich ungleich schneller: Nach 3 Stunden sind wir zurück auf der Nídha-Ebene, und wer das Glück hat, auf Schneefeldern abfahren zu können, für den wird diese Vorgabe leicht zu unterbieten sein.

Der nördliche Gipfelaufbau des Psiloritis.

47 Von Süden auf den Psilorítis, 2456 m

11.30 Std.

Unter Lämmergeiern – Psilorítis-Besteigung von Kamáres

Die Besteigung des Psilorítis-Gipfels auf der »Kamáresroute« ist vom Beginn bis zum Ende ein alpines Gesamtkunstwerk. Es ist nicht nur die ansehnliche Höhendifferenz von 1800 m, die unter gnadenloser Sonne eine entsprechende Kondition erfordert. Auch von den landschaftlichen Eindrücken her gehört diese Wanderung zum Feinsten, was uns die Insel des Zeus zu bieten hat. Die immerwährenden Tiefblicke auf die Messará-Ebene und die Südküste sind atemberaubend. Und wer die auf der Insel schon fast ausgerotteten Lämmergeier in den Lüften sehen möchte, findet sie hier am häufigsten. Trotz allem sollte die Wanderung nur bei sicherem Wetter angetreten werden. Ein Verirren im Nebel und der Absturz in eine Schlucht könnte fatale Folgen haben. Ansonsten ist der Wegverlauf jedoch technisch unschwierig und ausreichend markiert.

Ausgangspunkt: Östliches Dorfende von Kamáres. Bus: Iráklion – Míres – Kamáres.
Höhenunterschied: 1890 m.
Anforderungen: Festes Schuhwerk und der Jahreszeit entsprechende Ausrüstung. Kondition und Orientierungssinn erforderlich, beim Queren von Schneefeldern im Frühjahr Trittsicherheit. Nur bei stabiler Wetterlage. Im Sommer sehr heiß.
Einkehr/Unterkunft: Hotels in Kamáres und in Zarós. Zelt vorteilhaft.
Varianten: Südwestliche Abstiegsvariante über die EOS-Hütte nach Kouroútes (s. Tour 46). Östliche Abstiegsvariante über die Alp Kóllita zur Nídha-Ebene. Als Tagestour bis zur Geierquelle und zurück.

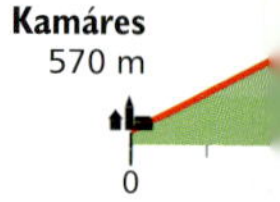

Wir beginnen die Wanderung – möglichst noch vor Sonnenaufgang – am östlichen Dorfende von **Kamáres**, wo eine steile Betonpiste hochführt (zwei rote Dreiecke im weißen Quadrat). Weitere Zeichen tauchen regelmäßig auf. Am Ende der Betonpiste scharf rechts. Der Weg verläuft in Kehren aufwärts, im Wesentlichen entlang einer betonierten Wasserrinne. Nach einer Stunde treffen wir auf ein Becken mit kräftig sprudelndem Wasser. Auf dem gut markierten Weg kommen wir nach einer weiteren Stunde zu einem zweiten Wasserbecken. Wir befinden uns jetzt auf dem Areal der **Mándra Kalamáfka**. Eine Mándra ist soviel wie ein Hirtenunterstand oder eine einfache Alpe. Achtung, hier verzweigen sich die Wege: deutliche Markierungszeichen! Unser Weg führt weiter nach Norden auf den Psiloritis, der andere zur Kamáres-Höhle mehr östlich. Nach der Verzweigung steigen wir am östlichen Rand einer tiefen Schlucht steil nach oben; eine abenteuerliche Felskulisse umgibt uns nun. 1½ Stunden nach der Mándra Kalamáfka erreichen wir auf ca. 1650 m Höhe die sogenannte **Geierquelle** (Skarónero). Aufgrund der strengen Schutzgesetze hat sich der Bestand der Lämmergeier in dieser wilden, unzugänglichen Gegend in den letzten Jahren wieder erhöht. Eine Dreiviertelstunde nach der Geierquelle erreichen wir die Hirtenbauten der **Alp Kóllita**. Wir verfolgen weiter den Pfad in nördlicher Richtung, alsbald gesellt sich der von Osten aus der Nídha-Ebene kommende Aufstiegsweg hinzu. Bis zum **Psiloritis**-Gipfel folgen wir nun dem Wanderweg von Tour 46. Wer nicht denselben Abstiegsweg nehmen will, kann auch nach Kouroútes ins Amáribecken absteigen. Südlich unterhalb des Gipfels liegt gut sichtbar oberhalb der Waldgrenze die Berghütte des EOS Réthimnon (1498 m, verschlossen). Von dort sind es noch etwa 2½ Stunden Abstieg bis Kouroútes.

Aussicht auf Messará-Ebene und Libysches Meer.

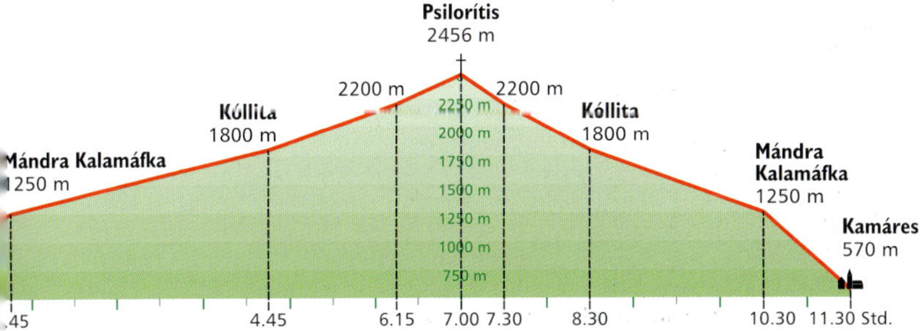

48 Von Kamáres zur Kamáres-Höhle, 1525 m

5.00 Std.

Götterthron zwischen Himmel und Meer

Für diejenigen Wanderer, die den enormen Aufstieg auf den Gipfel des Psiloritis scheuen und trotzdem die schöne Aussicht auf die Messará-Ebene und die Südküste Kretas genießen möchten, ist die Kamáres-Höhle eine lohnende Alternative. So dachten schon die alten Minoer, welche die Höhle als Kultplatz zwischen Himmel und Erde entdeckten. An diesem wahrhaft göttlich gelegenen Ort wurde den Göttern mit der Ernte der Bauern aus der Messará-Ebene gehuldigt. In den in der Höhle gefundenen Keramiken fanden sich Reste von Samen, Getreide und Feldfrüchten. Die kunstvollen Keramikgegenstände (1900 – 1700 v.Chr.) gaben einer ganzen Epoche ihren Namen (Kamáres-Stil) und sind im Archäologischen Museum in Iráklion ausgestellt.

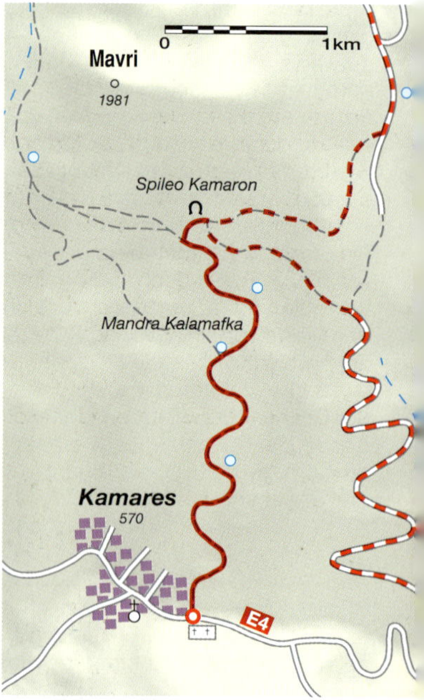

Ausgangspunkt: Östliches Ortsende von Kamáres. Bus: Iráklion – Míres – Kamáres.
Höhenunterschied: 1080 m.
Anforderungen: Unschwierige und gut markierte Wanderwege.
Einkehr/Unterkunft: Einfaches Hotel in Kamáres. Bessere Hotels findet man in Zarós.

Variante: Von der Kamáres-Höhle führt ein markierter Weg weiter aufwärts zum Südende der Nídha-Ebene bzw. hinab nach Vorizia.

Die Wanderung beginnt am östlichen Dorfende von **Kamáres**, wo eine steile Betonpiste hochführt (zwei rote Dreiecke im weißen Quadrat). Weitere Zeichen tauchen regelmäßig auf. Am Ende der Betonpiste scharf rechts. Der Weg verläuft in Kehren aufwärts, im Wesentlichen entlang einer betonierten Wasserrinne. Nach einer Stunde treffen wir auf ein Becken mit kräftig sprudelndem Wasser. Auf dem gut markierten Weg kommen wir nach ei-

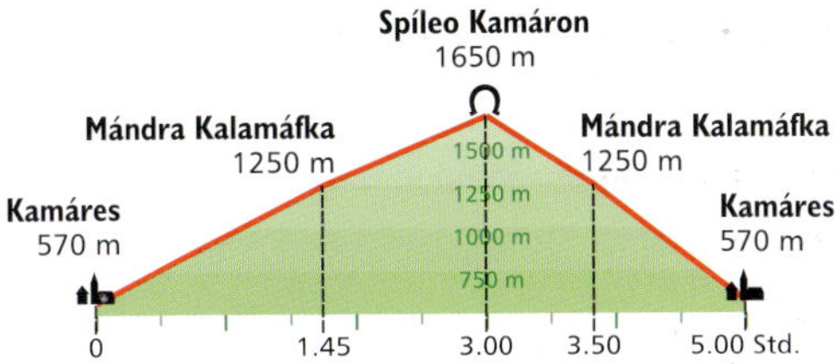

ner weiteren Stunde zu einem zweiten Wasserbecken, das zur **Mándra Kalamáfka** (Mándra = Hirtenunterstand oder einfache Alp) gehört. Kurz darauf treffen wir auf ein drittes Becken (1280 m), von wo kaum zu übersehende Markierungen den Weiterweg zur Kamáres-Höhle zeigen.

Wir biegen hier nach Osten ab und wandern ungefähr 20 Minuten entlang einem Wasserrohr, das zu einem steinernen Wasserreservoir führt, welches Rebhuhnwasser (**Perdhikónero**) genannt wird. 10 Minuten später kommt ein weiteres Becken. Nach einem steilen Anstieg können wir im Felsengewirr schon bald den dunklen Eingang der **Kamáres-Höhle** ausmachen. Nach drei Stunden stehen wir in der 42 m breiten und 19 m hohen Öffnung der Höhle, und im Blick auf den Horizont und das Meer empfinden wir das Göttliche, das diesem Ort ewig war.

Blick aus dem Dunkel der Kamáres-Höhle

49 In die Roúwas-Schlucht

3.30 Std.

Vorbei an Forellenbecken und Picknickplätzen in die Roúwas-Schlucht

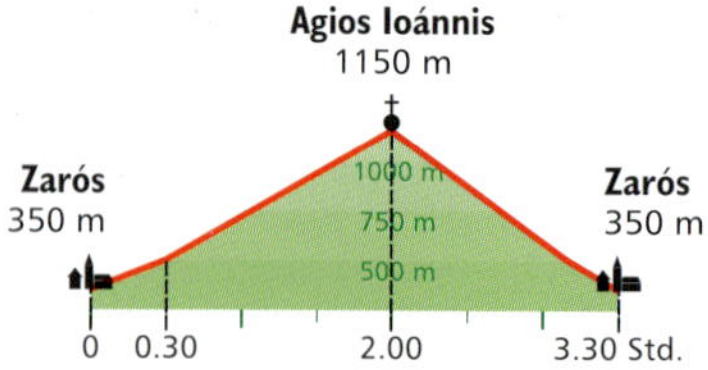

Wenn die alten Kreter von Zarós sprachen, so wussten sie von den reich sprudelnden Quellen zu berichten, die hier aus den Bergen treten. Vielleicht wussten sie auch von der »Votómos« genannten Schlucht (= Roúwas-Schlucht) und dem von Schilf eingewachsenen Teich unweit des lieblichen Nikólaos-Klosters. Wenn die Kreter heute von Zarós sprechen, so fällt ihnen gleich »Pestrofa« ein, was auf Deutsch nichts anderes als Forelle heißt. Obwohl es diesen Fisch vorher auf Kreta nie gegeben hat, war der Versuch, ihn in den sauerstoffreichen Wasserbecken zu züchten, erfolgreich. Man unternimmt an Wochenenden und Feiertagen gerne einen Ausflug hierher und kostet in einer der Fischtavernen den unbekannten Süßwasserfisch. Der vormals schilfverwachsene Weiher ist heute kaum wiederzuerkennen, so ausflugsgerecht wurde er umgestylt. Der Weg hinauf in die Schlucht wurde durch Stufen erleichtert und ist mit Holzgeländern gesichert. Bänke und Tische laden an schattigen Plätzen zum Picknick ein. Die landschaftliche Schönheit der Roúwas-Schlucht lockt selbst Wandergruppen aus Réthimnon zu einem Tagesausflug hierher. Eine lohnenswerte Wanderung mit schönen Rastplätzen und Aussichten.

Ein gut ausgebauter Weg führt durch die Roúwas-Schlucht.

Ausgangspunkt: Zarós, Fahrstraße zum Idi-Hotel. Bus: Iráklion – Míres – Zarós.
Höhenunterschied: 800 m.
Anforderungen: Leichte und eindrucksvolle Schluchtwanderung auf gutem Weg mit Geländer. Markierung gelbe Pfeile und gelb-rote Punkte. Aufstieg nach Agios Nikólaos viel Geröll – nichts für Kinder.
Einkehr/Unterkunft: Tavernen in Zarós, Forellenspezialitäten: Aquarium (beim Idi-Hotel) und Votómos (100 m weiter), Übernachtung: Idi-Hotel, 700 m von Zarós.

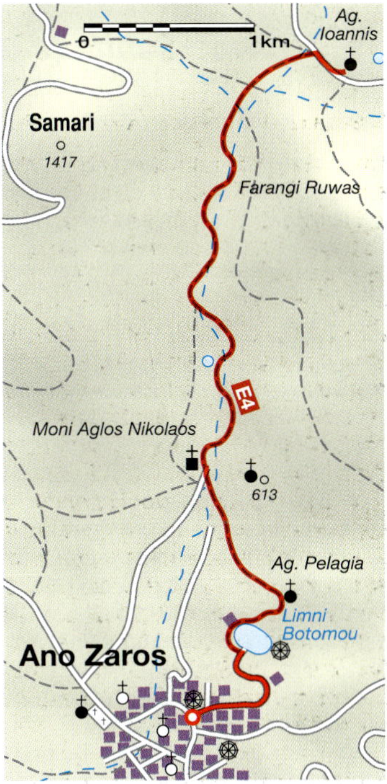

Den Ausgangspunkt unserer Wanderung erreichen wir, indem wir von **Zarós** die Fahrstraße zum **Idi-Hotel** nehmen (700 m). Nach weiteren 600 m auf der gleichen Straße gelangen wir zu dem bereits erwähnten **Teich** mit Picknickplätzen. Dort klären uns *Wegweiser* über Wanderziele und Entfernungen dorthin auf (0,9 km zum Agios-Nikólaos-Kloster, 2,5 km Schluchtlänge, 5,2 km zum Agios-Ioánnis-Kirchlein am Beginn der Hochebene).

Das **Agios-Nikólaos-Kloster** erreichen wir bereits nach 15 Minuten. Beim Kloster wechseln wir auf die andere Bachseite. Nach ½ Stunde sind wir wieder auf der ursprünglichen Seite und finden einen Brunnen am Weg. Fünf Minuten später, wieder im Bachbett, heißt es aufpassen: nicht im Bachbett aufwärts, sondern in einer Haarnadelkurve die andere Seite hinauf. Wir wechseln noch einige Male die Uferseiten, doch ist der Weg nicht zu verfehlen. Über den Wipfeln der Platanen erheben sich die Felswände, in die sich die Wurzeln von Kiefern und Zypressen krallen. Im Frühjahr zwängt sich ein Bachlauf durch das glatt geschliffene Bachbett, herrliche Gumpen und Kaskaden laden zu einem Bad ein. Nach 1¾ Stunden kommt ein angenehmer Platz zum Rasten, mit Tischen und Bänken. Von hier sind es noch 1,4 km bis zum Ende der Wanderung. Es geht immer am Bach entlang. Nach 2 Stunden erreichen wir den Rand einer Hochebene und finden die kleine **Agios-Ioánnis-Kapelle**. Mächtige alte Platanen und Eichen, ein idyllischer Bachlauf und grüne Wiesen rundum vervollkommnen die Idylle. Ein Schild weist zu einer 150 m entfernten Höhle, vor der eine Gedenktafel angebracht ist.

50 Roúwas-Schlucht und Gíristi, 1779 m

8.40 Std.

Schluchtwanderung und Bergbesteigung im Idagebirge

Die anfangs angenehme und leichte Talwanderung wird mit dem eigentlichen Aufstieg zum Gíristi zu einer ernsthaften und langen Bergtour mit weiten Ausblicken zum Psiloritis und hinab in die Messará-Ebene.

Ausgangspunkt: Zarós, 400 m, großes, mittlerweile sehr touristisches Dorf südlich des Ida-Massivs. Bus: Über Agia Varvára und über Míres nach Zarós.
Höhenunterschied: 1500 m.
Anforderungen: Lange Bergwanderung mittlerer Schwierigkeit, längere Strecken müssen sowohl im Aufstieg als auch im Abstieg weglos im steilen Gelände zurückgelegt werden, gutes Schuhwerk notwendig.
Einkehr/Unterkunft: Idi-Hotel; Zimmerangebot in Zarós, mehrere Tavernen am Ausgangspunkt.
Tipp: Gortis bei Agia Déka, Klöster Vrondissi und Valsamónero bei Zarós.

Von **Zarós** aus auf der Zufahrtsstraße zum Idi-Hotel und weiter zum Picknicksee (siehe Wanderung 49).
Direkt oberhalb der **Kapelle Agios Ioánnis**, 950 m, führt ein Fahrweg aufwärts Richtung Osten. Das Tal und die Berghänge ringsherum sind dicht mit Eichenwäldern bedeckt. Eine halbe Stunde gehen wir meist im Talgrund neben einem kleinen Bachlauf. Anschließend führt die Straße in einem weiten Rechtsbogen auf die andere Hangseite hinauf. Dieses Stück können wir rechts vom **Talgrund**, durch den Wald geradeaus hinauf, abkürzen und treffen oben wieder auf die Straße. In engen Serpentinen überwindet die Straße das jetzt sehr steile Gelände und führt auf eine fast ebene Geländeterrasse hinaus; zerklüftete Felsen, Geröll und stachelige, kleine Eichen prägen die Landschaft. Nach fast 1½ Stunden stehen wir an einer Straßenverzweigung auf einem flachen **Sattel** in 1400 m Höhe. Geradeaus führt die Schotterstraße hinab nach Prínias, rechts noch ein kurzes Stück auf einen höher gelegenen Sattel hinauf und links, das Massiv des Gíristi querend, in

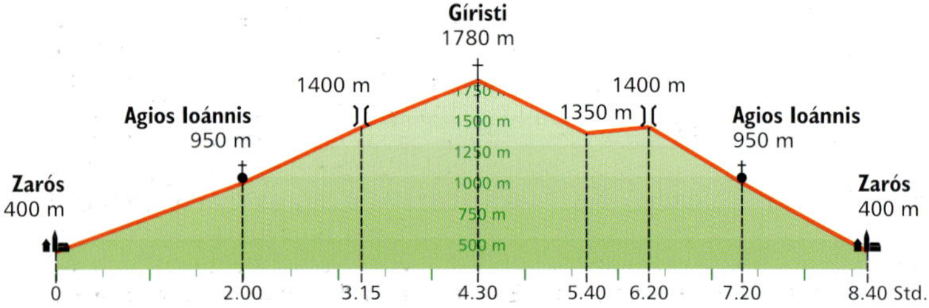

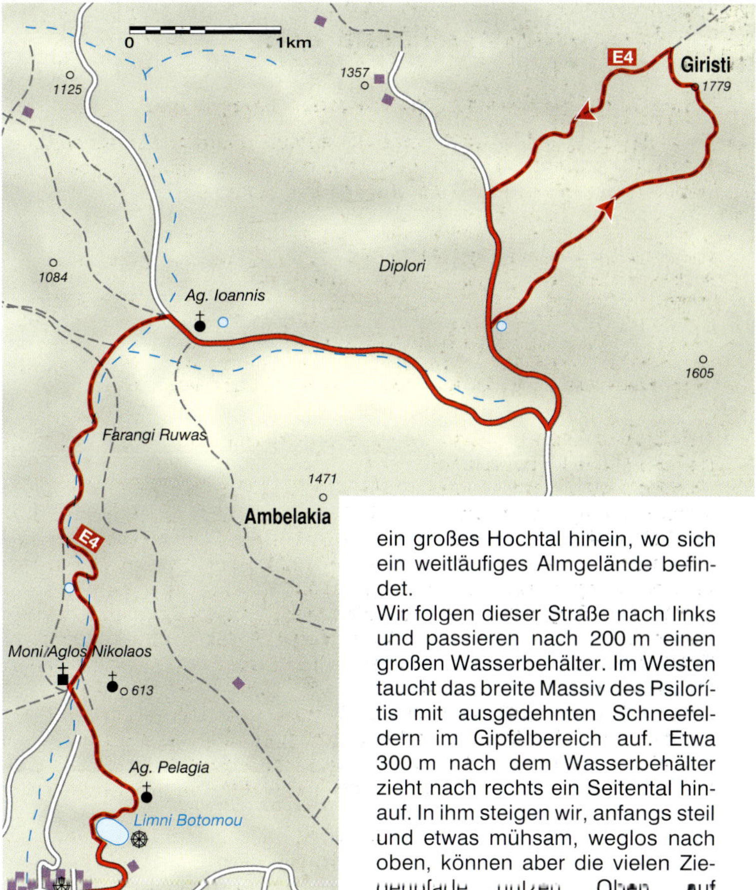

ein großes Hochtal hinein, wo sich ein weitläufiges Almgelände befindet.
Wir folgen dieser Straße nach links und passieren nach 200 m einen großen Wasserbehälter. Im Westen taucht das breite Massiv des Psiloritis mit ausgedehnten Schneefeldern im Gipfelbereich auf. Etwa 300 m nach dem Wasserbehälter zieht nach rechts ein Seitental hinauf. In ihm steigen wir, anfangs steil und etwas mühsam, weglos nach oben, können aber die vielen Ziegenpfade nutzen. Oben, auf 1500 m, tauchen flache Talmulden auf, die wir nach rechts oben umgehen. Richtung Nordost gehend, erreichen wir einen flachen Höhenrücken. Vor uns die Steinpyramide des Punktes 1640 m (30 Min.). Über den breiten Höhenrücken geht es weiter, fast eben, einmal eine tiefere Senke querend, zuletzt nochmals etwas

Die Agios-Ioánnis-Kapelle am oberen Ende der Roúwas-Schlucht.

steiler über Felsbänder zum Gipfel des **Gíristi**, 1779 m (45 Min.). Entweder gleicher Rückweg oder schöner, aber anstrengender, direkt vom Gipfel weiter nach Nordwesten über steileres Felsgelände hinab in den **Taleinschnitt** zwischen Gíristi und Koudoúni und dann weglos im Graben nach Südwesten hinab auf das weitläufige **Almgelände**, 1350 m, und der Straße folgend Richtung Süden, anfangs etwas ansteigend, zurück zum Sattel und weiter den bekannten Weg hinab zur Kirche Agios Ioánnis. Für diese Abstiegsvariante muss etwa eine Stunde zusätzlich eingeplant werden. Es ist natürlich auch möglich, wie bei Tour 51 nach Ano Asítes abzusteigen.

7.00 Std.

Gíristi, 1779 m

51

Eine fast schattenlose Bergtour mit Rundumblick

Die östlichen Ausläufer des Psilorítis-Massivs sind nahezu vegetationsfrei. Kein Schatten und in den Hochlagen kein Wasser – Bergwanderungen sind deshalb in der heißen Jahreszeit nicht unbedingt lohnend. Dafür bieten sie hervorragende Ausblicke.

Ausgangspunkt: Ano Asítes, 450 m, kleines Dorf 4 km von Agia Varvára. Busverbindung: Iráklion – Ano Asítes mehrmals täglich.
Höhenunterschied: 1350 m.
Anforderungen: Mittelschwere Bergwanderung durch teilweise wegloses Gelände, im Gipfelanstieg leichte Kletterei, im Sommer sehr heiß.
Einkehr/Unterkunft: Zimmerangebot in Zarós und Agios Míronas, Tavernen in allen Dörfern entlang der Straße.
Tipp: Patéla bei Prínias, Ausgrabungen aus der dorischen Zeit.

Von Iráklion aus kommend, am Ende des Dorfes **Ano Asítes**, zweigt nach den letzten Häusern rechts eine anfangs betonierte Straße ab, an der unsere Wanderung beginnt. Ein verwittertes Holzschild mit der Aufschrift *»Prínos-Hütte EOS 1110 m«* zeigt uns den Weg. An Stallungen vorbei (*gelb markiert*), bei Abzweigungen jeweils links, zieht die schmale Straße anfangs

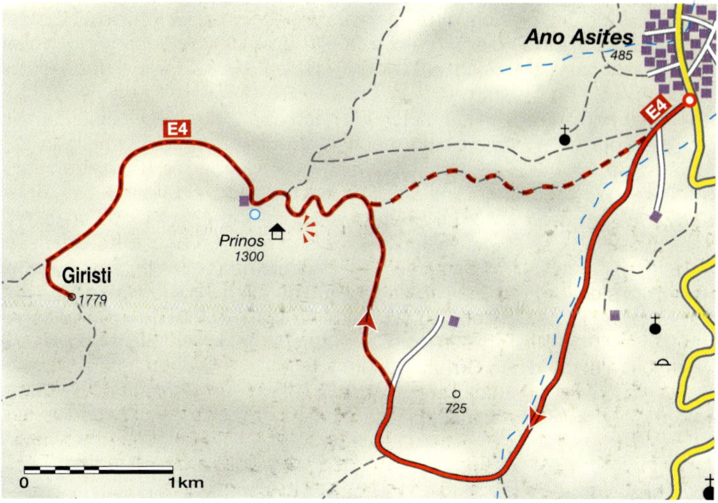

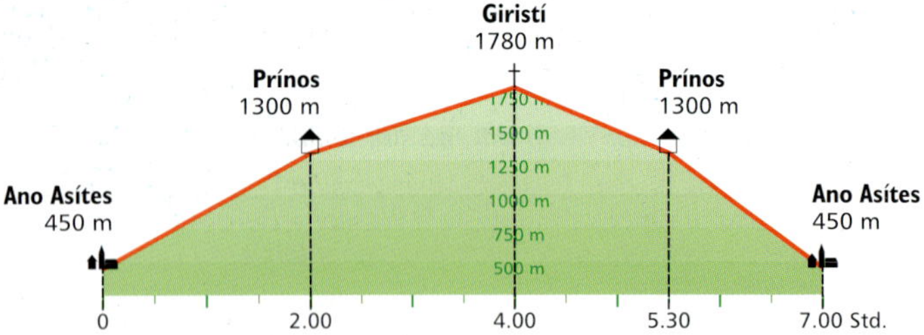

noch schattig unter Olivenbäumen leicht nach oben, einen Taleinschnitt entlang. Nach etwa 30 Minuten in einer engen Kurve eine Bachüberquerung. Nach dem Zaun, der die Straße versperrt, zeigt eine rote Markierung den Bachlauf entlang nach oben (Abkürzungsmöglichkeit, schmaler Steig, schlecht zu finden). Wir bleiben allerdings auf dem Wirtschaftsweg, der in einem weiten Bogen über jetzt kaum bewachsene freie Flächen auf einen steilen Felsenrücken zuführt.

An der nächsten Straßenverzweigung gehen wir links (die Straße nach rechts endet an der Almhütte), bis sie an einem einzel stehenden Baum endet. Wieder ein Weidezaun, von rechts unten kommt der rot markierte Steig hinzu. Weiter geht es durch ein Felsengewirr in Serpentinen nach oben (*gelbe Markierung*); der schmale Pfad führt in einen Geländeeinschnitt hinein und erreicht eine oberhalb liegende, flache Terrasse. Dichter Bewuchs weist auf eine ertragreiche Quelle hin. In 200 m Entfernung, weiter links, steht aussichtsreich auf einem kleinen Plateau die **Prínos-Hütte** (1300 m).

Zurück zum Pfad und im schmalen Tal nach oben. Nach etwa einer halben Stunde über eine flache Senke nach Westen, vorbei an stacheligen Büschen dem Talverlauf folgend auf den etwas links oberhalb liegenden Felsgipfel zu. Wir orientieren uns an einer nach oben ziehenden Felsenrippe und gelangen nach etwa 30 Minuten weiter links in eine kleine Senke. Anschließend geht es etwas steiler über Felsen hinauf. Vor uns befindet sich jetzt wieder eine flache, längliche Senke, direkt nach Westen ausgerichtet; etwas links davon sieht man im Südwesten deutlich die Gipfelpyramide des Gíristi. Den Fuß der steilen Felspyramide erreichen wir bequem in 15 Minuten und suchen uns an der Nordseite eine Aufstiegsmöglichkeit zum flachen Gipfelplateau des **Gíristi** (20 Min.).

Entweder gleicher Rückweg oder wie bei Tour 50 durch die Roúwas-Schlucht hinab nach Zarós (3½ Std.).

Nach der letzten Erdsenke nur noch wegloses Gelände durch ein Felsenlabyrinth zum Gipfel des Giristí.

Die Insel Gávdos

Gávdos, das ist nichts für den Normaltouristen. Man muss schon ein bisschen verrückt sein, diese wasserlose, karge Insel zu besuchen, die 34 Seemeilen (55 km) vor der Südküste Kretas liegt. Nur zweimal in der Woche verkehren in den Wintermonaten Schiffe, die bis zu 12 Passagiere mitnehmen können und auch das nur, wenn der Wind die Stärke 5 nicht übersteigt. Sonst sitzt man auf der Insel mit ihren nur 45 verstreut lebenden Bewohnern, die vor allem Schafzucht betreiben, fest. Im Sommer sind größere Schiffe im Einsatz,

Der traumhaft schöne Potamós-Beach auf der Insel Gávdos.

die bis zu 150 Passagiere mitnehmen können und viermal wöchentlich verkehren. Knapp vier Stunden dauert die Fahrt von Paleohóra oder Hóra Sfakíon hinüber zum Landungshafen Karáve, von dem eine Straße zum Hauptort Kastrí hinaufführt (1½ Std. zu Fuß oder Beförderung mit Traktoren). Die zwei anderen noch bewohnten Dörfer sind Ambelos im Nordwesten und Vatsianá im Süden. Dagegen hat das Inselchen 39 Kapellen – für jeden Einwohner fast eine. Zur Zeit der Byzantiner, als auf der Insel mehrere tausend Menschen lebten, befand sich hier sogar eine Diözese, zu der auch Dörfer der Sfakiá gehörten.

Geschichtlich liegen einige Rätsel über der Insel. Man nimmt an, dass sie die von Homer in der Odyssee genannte Insel Ogygia ist, auf welcher die verführerische Nymphe Kalypso den aus Ithaka stammenden Seefahrer sieben Jahre gefangen hielt. Die Einwohner von Gávdos verweisen stolz auf eine Höhle an der Nordostspitze der Insel, die der Palast der Nymphe gewesen sein soll. Die Römer nannten die Insel Kauda – das ist auch der Name jener Insel, wo in der Apostelgeschichte (27, 16) der heilige Paulus wegen eines Sturmes vorbeigetrieben wurde.

Wasser gibt es auf der 27 km² großen Insel nur aus Zisternen oder es wird vom »Festland Kreta« herübergebracht. Der neue »Luxus« der Insel zeigt sich in einer Pilotanlage zur Erzeugung von Solarenergie, sowie in zehn Telefonanschlüssen. Der letzte kleine Laden auf Gávdos in Kastrí wurde vor einigen Jahren geschlossen. Dass Gávdos für viele trotzdem so unwiderstehlich anziehend wirkt, liegt an der Schönheit der Natur, den einsamen Sandstränden, den windverdrehten Aleppokiefern und Wacholdersträuchern. Wer sich entschließt, von Kreta den Sprung auf den südlichsten Teil Europas zu wagen, den erwartet ein Erlebnis besonderer Art.

52 Runde durch den Norden von Gávdos

6.00 Std.

Traumhaft schöne Strände auf der südlichsten Insel Europas

Für einen bloßen Wanderausflug ist der Aufwand, nach Gávdos zu reisen, ein wenig groß. Wen es aber reizt, mit Badehose und Wasserflasche unterwegs zu sein, den üblichen Luxus eines Hotels und einer Taverne gegen einen puren Sandstrand einzutauschen und auf abwechslungsreichen Wegen über die Insel zu laufen, der sollte sich dieses Erlebnis nicht entgehen lassen.

Ausgangspunkt: Karáve. Schiff: Im Sommer: Paleohóra – Gávdos (4 Std.; Montag, Mittwoch, Donnerstag, Freitag; ca. 7,50 Euro); sonst mit kleinen Versorgungsschiffen (bis 12 Passagiere) montags und donnerstags. Hóra Sfakíon – Gávdos (2½ Std.): Samstag und Sonntag.
Höhenunterschied: 360 m.
Anforderungen: Unschwierige, aber Ausdauer erfordernde Wanderung. Zwischen Potámos und Ambelos Orientierungssinn nötig. Ausreichend zu trinken mitnehmen.
Einkehr/Unterkunft: Zwei Tavernen mit einfachen Zimmern in Karáve. Mini Market und Tavernen am Sarakinikó-Beach in der Saison. Kafeníon in Kastrí.
Varianten: Wanderung von Karáve nach Kourfos oder Trípiti im Süden der Insel.

Die erste Etappe unserer Küstenwanderung führt uns zum Sarakinikó-Beach. Am Hafen **Karáve** gehen wir bei der linken Taverne die Treppen hoch und treffen auf eine Straßenkehre; links davor den Schotterweg aufwärts und wieder auf der Schotterstraße weiter, vorbei an »Rooms Kalypso«. Nach 7 Minuten kommen wir zur Abzweigung *»Kourfos-Beach«*, wir wandern geradeaus weiter Richtung Sarakinikó-Beach. Bei der nächsten Gabelung geht es links weiter nach Kastrí und rechts zum Sarakinikó-Beach. 10 Minuten später eine neue Gabelung: geradeaus *»Agios Giannis«*, wir gehen rechts zum Sarakinikó-Beach. Die karge Landschaft ist mit Kiefern und Wacholder bewachsen. Noch bevor wir nach einer knappen halben Stunde den **Sarakinikó-Beach** erreichen, fallen uns die schrecklichen Betonhütten auf. Es sind die Umbauungen der Dieselgeneratoren, die den zehn einfachen Strandtavernen den Strom liefern. Einige der Hütten versorgen sich bereits mit Solarstrom. Feiner Sand bedeckt den traumhaft schönen Strand. Die etwas oberhalb liegenden Wacholderbäume bieten mit ihren Baumdachhöhlen Strandschläfern ein Dach unter dem Sternenhimmel.
Den Weiterweg zum Potamós-Beach beginnen wir auf der westlichen, linken Seite des Sarakinikó-Beach. Hier gehen wir den *Caterpillar-Weg* hoch bis zu einem Natursteinhaus mit grünen Türen. Dahinter den Fahrweg rechts (durch Drahtzaun) entlang der Küstenlinie. Nach einer halben Stunde gabelt sich der Weg, hier rechts. Der Weg endet an einem Trockenflussbett. An der Küste weglos weiter auf relativ gut begehbaren Klippen. Nach einer Stunde kommen wir auf der Höhe der Agios-Geórgios-Kapelle, die

oberhalb liegt, an den **Laurakas** genannten Strand. Am Ende des Strandes beginnt oberhalb ein Klippenweg (Trittsicherheit erforderlich). Nach 15 Minuten wieder am Strand entlang. Unter den großen Wacholderbäumen entdecken wir immer wieder die Überbleibsel sommerlicher Robinsonaden. Wäre nicht das Meer in unmittelbarer Nähe, schiene es, als ginge es jetzt durch Wüstenlandschaft. Rote Dünungen, vom scharfen Wind geschaffene skurrile Sandsteinzeichnungen, durchlöcherte Gesteinsformen und daneben all der Zivilisationsmüll, den das Meer an rauen Tagen ans Land wirft, einschließlich des Teers. Besonders jetzt, wo wir ums nördliche Kap kommen, scheinen die Felsplatten wie asphaltiert. Nach den Überresten eines Steinhauses zieht sich ein ca. zwei Meter breiter, alter, von der Erosion in Mitleidenschaft gezogener Weg aufwärts, und über die Klippe haben wir einen schönen Blick auf die Sandbucht von **Pírgos**. Der Weg führt landeinwärts nach Kastrí; in der Ferne links oberhalb zeichnet sich die Agios-Geórgios-Kapelle gegen den blauen Himmel ab. Wir verfolgen nicht weiter den Weg, sondern umgehen den Pírgos-Beach (Zwischenzeit: 3 Std.) auf den Klippen oberhalb und können nach 20 Minuten auf eine tief ins Land reichende, rotsandige Bucht, vor dem Hintergrund einer fahlen, von Erosionsrinnen zerfurchten Landschaft, blicken: den **Potamós-Beach**.
Die Bucht wird weglos über den höchsten Punkt hinweg umgangen. Oben liegen zerfallene Steinhäuser mit ehemaligen Terrassierungen darunter. Wir stehen am Rand eines Canyons – in die Felswand gegenüber sind Ornamente gezeichnet, als wären es Zeichen einer geheimnisvollen Schrift (Zwischenzeit: 4 Stunden). Ein Weg verläuft von den Ruinen in Richtung Süden (im Rücken die Ruinen und Agios Geórgios), durch ein Gatter und links einen Zaun entlang, bis sich ein Weg in einer wüstenartigen Landschaft abzeichnet, der zu einem in der Ferne am Hang liegenden Haus mit Solarmodulen (rechts) führt. Aufgrund von neuen Einzäunungen müssen Sie unter Umständen einen Weg in eigener Regie finden. Vor dem Haus, das zum Weiler **Ambelos** gehört, führt eine Schotterstraße weg nach Osten. Nach 5 Minuten gehen wir durch ein Gatter. Weitere 5 Minuten nach dem Gatter kreuzt ein deutlicher Pfad die Straße: auf diesem rechts einwärts. Zwischen Kiefern folgen wir dem rechts neben der Straße verlaufenden Pfad, auf die wir dann wieder treffen. Nach 5 Stunden, vor dem ersten Haus von **Kastrí**, mit einer auffallenden Antenne, bei einer Gabelung links und bei der nächsten Gabelung wieder links. Der Fahrweg führt dann zwischen zwei Kapellen hindurch; darunter ein hoher Kiefernwald, auch das gibt's auf Gávdos. Weiter auf dem Fahrweg, erreichen wir mit müden Beinen wieder unseren Ausgangspunkt **Karáve**.

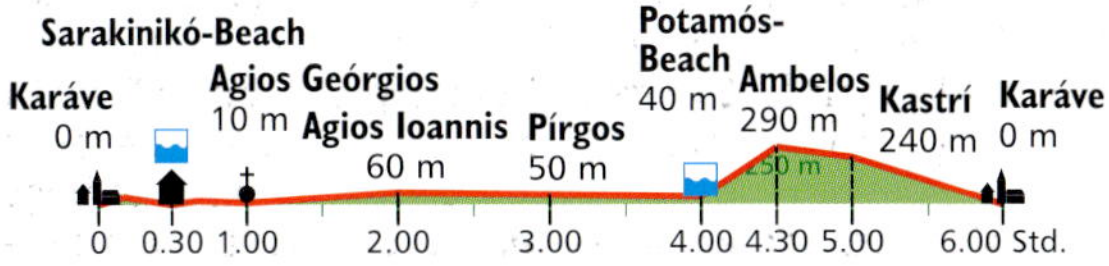

Stichwortverzeichnis

A
Agia Galíni 21, 69, 114
Agia Iríni 32, 74, 125
Agia Iríni, Schlucht 130
Agia Kateríni 93
Agia Marína 20
Agia Rouméli 68, 81, 143
Agia Triáda 20, 22, 26, 69
Agia-Sophía-Höhle 42
Agios Antónios 77, 79
Agios Elías 52
Agios Geórgios 25
Agios Ioánnis 84
Agios Ioánnis Giónis, Kapelle 20, 27
Agios Konstantínos 55
Agios Nektários 102
Agios Pávlos 83, 114
Agios Philosías 52
Akrotíri-Halbinsel 20
Alíkambos 100
Alp Kóllita 151, 155
Alp Trípiti 119
Amári-Becken 21, 58, 118, 149, 150
Ambelos 167
Amoudári 100, 101, 144
Ano Asítes 163
Ano Méros 118
Ano Mixórrouma 108
Anógia 149, 150
Anópolis 92, 94, 96, 125
Anópolis-Schlucht 97
Apladianá 66
Arádhena 68, 91, 125
Arádhena-Schlucht 84, 88, 90, 94
Argiromoúri 48, 51
Argiroúpolis 52
Arkoudhiótissa 22
Asfendóu 100
Asfendóu-Schlucht 100
Askífou 69
Askífou-Ebene 125
Asómatos 110
Asteroússia-Berge 69
Azogirás 35
B
Bonripári 56
D
Diktynaion 20
Donáta Bucht 80
E
Elafónissos 70
Exópolis 48, 51
F
Falássarna 20, 35, 36
Festós 69
Fínix 85, 95
Frangokástello 69, 100, 105
Fratí 109
G
Gávdos 166, 167, 168
Georgioúpolis 21, 47
Geróskinos 37
Giálos 71
Gianioú 113
Gíngilos 139, 141
Gíristi 162, 164
Golf von Plakiás 106
Goniá, Kloster 20
Górtys 69
Gouvernéto 22, 26
Gramvoússa 38
Gramvoússa, Halbinsel 20
H
Haniá 20
Hóra Sfakíon 68, 85, 88, 96, 98, 100
Hrissoskalítissas, Kloster 21, 68, 70
I
Ida-Gebirge 20
Ida-Massiv 148
Ideon-Andron-Höhle 149
Imbros 99, 125
Imbros-Schlucht 98
Inlingías-Schlucht 88, 96
K
Kalamáki 121
Kalí Liménes 123
Kallérgi-Hütte 124, 134, 136
Kallikratianó-Schlucht 103
Kallikrátis 102
Kaloídhena 119
Kamáres 152, 155
Kamáres-Höhle 148, 157
Kámbi 128

Kámbos Doxaró 65
Kámpos Apladianá 66
Kándanos 68
Kap Kríos 70
Kap Tripití 79
Kapsodásos 104, 105
Karáve 167
Karés 100
Karínes 60, 61
Kastell von Tripití 79
Kastélli 21, 33, 39, 42
Kastélli Kíssamou 20
Kastrí 167
Kástro 125, 144, 146
Katholikó 20, 23, 26
Káto Póros 55
Katohóri 45
Katsamatádos 43
Kédhros 60, 118
Kédhros-Massiv 69
Kloster Arkádi 149
Kloster Káto Préveli 111
Kókkinos Pírgos 121
Kolimbári 20, 27, 30
Komitádes 99
Kómmos-Beach 121
Kotsifoú-Schlucht 21, 106
Koukoúle 137
Kouloúkonas-Berge 21, 66
Kournás-See 21
Kouroútes 150, 154, 155
Kourtaliótiko-Schlucht 21
Koustogérako 78
Koutsotroúlis 67
L
Lákki 127
Laurakas-Beach 169
Lefkogía 110, 113
Likotinereá 48, 51
Lissós 68
Livadás 75
Livanianá 85, 94
Loutró 68, 85, 90
M
Maláxa 45
Mándra Kalamáfka 155, 157
Margarítes 149
Mármara-Bucht 84, 90, 95
Mátala 69
Mávri 80, 135
Mávros Póros 33
Megalopótamos 110, 112
Melindaoú 135
Mesa Goní 101
Mesklá 126
Messará-Ebene 69, 149
Messará-Golf 120
Mírthios 107
Missíria 59
Mixórrouma 108
Moní 68
Móni Odigítrias 122
Moni Vosákou 65
Monopári 57
Mourí 43
N
Néo Horió 46
Nídha-Ebene 149, 150, 153, 155, 156
O
Omalós 124, 130, 136
Omalós-Ebene 125, 134, 137, 138
P
Pagoménos 68
Paleohóra 68, 71
Patsianós 105
Patsós 60
Peramá 66
Phoenix 68
Pikilassos 79
Pírgos-Beach 169
Pitsídia 121
Plakiás 69, 107
Plátanos 33, 34
Polirinía 21, 41
Potamós-Beach 169
Prassanó-Schlucht 58
Préveli 69, 110, 112, 114
Prínias 160
Prínos-Hütte 164
Profitis Ilías 79
Psári 135
Psiloritis 20, 148, 149, 154, 155
R
Réthimnon 20, 21
Rodopós 27, 30
Rodopoú, Halbinsel 20, 30
Roúwas-Schlucht 158

S
Samariá 141
Samariá-Schlucht 68, 124, 138
Sarakinikó-Beach 168
Sásalos 43
Schlucht von Tripití 79
Sellía 51
Sentóni Strand 79
Sideropórtes 142
Sirikári 39
Sissés 65
Soúda 20
Soúda, Bucht von 20
Soúgia 68, 73, 75, 77, 132
Spáthi 128
Spíli 69, 108
Stavrós 20, 24
Stílos 45
T
Távri-Hütte 145
Thérissiano-Schlucht 21, 126
Thérisso 126
Tigáni Bálos 20, 32
Tímios Stavrós 148, 150, 152
Topóliá 42
Topóliá-Schlucht 21
Tráhilos 33
Tsikhlianá-Schlucht 41
Tsiríta 60
Tsiríta-Schlucht 60
V
Vatsianá 167
Velonádo 55
Volakías 139
Voleónes 62
Vólika-Hütte 129
Vorizia 156
Voukoliés 68
Voulgáro 43
W
Weiße Berge 20, 68, 86, 124
X
Xylóskalo 138
Z
Zarós 149, 154, 156, 159, 160
Zourídi 55
Zoúrva 127

Das griechische Alphabet

Αα	Aa	Ββ	Bb	Χχ	Gg	Δδ	Th	Εε	Ee	Ζζ	Zz
Ηη	Jj	Θθ	Th	Ιι	Jj	Kk	Kk	Λλ	Ll	Μμ	Mm
Νν	Nn	Ξξ	Xx	Οο	Oo	Ππ	Pp	Ρρ	Rr	Σσ	Ss
Ττ	Tt	Υυ	Ii	Φφ	Ff	Χχ	Ch	Ψψ	Ps	Ωw	Oo

Wörterbuch für Wanderungen

Geographisches

jeojrafikós chartis	Landkarte
póli	Stadt
chorió	Dorf
spíti, spítia	Haus, Häuser
eklissía, eklissáki	Kirche, Kapelle
dhromos	Straße
monopáti	Weg
strofí	Kurve
stavrodhrómi	Wegkreuz
wunó	Berg
katariji	Berghütte
korifí	Gipfel
hióni	Schnee
petres	Steine
farángi	Schlucht
spiljá	Höhle
pedhiáda	Ebene
potamós	Fluss
límni	See
thálassa	Meer
pijí	Quelle
dhéndhro, dhásos	Baum, Wald
lulúdhi	Blume
prówata	Schafe
katzíkes	Ziegen
skílos	Hund
pulí	Vogel

Essen, Unterkunft und Verkehr

xenodhochío	Hotel
krewáti	Bett
lutró, dus	Bad, Dusche
faí	Essen
psomí	Brot
kréas	Fleisch
psári	Fisch
tirí	Käse
féta	Schafskäse
frúta	Obst
eliés	Oliven
ládhi	Öl
aláti	Salz
pipéri	Pfeffer
neró	Wasser
krasí	Wein
chimós	Saft
kafés	Kaffee
tsai	Tee
hiliómetro	Kilometer
avtokínito	Auto
leoforío	Bus
isitírio	Fahrkarte
stási	Haltestelle

Allgemeines und Redewendungen

woíthia	Hilfe
parakaló? oríste	bitte?
evcharistó	danke!
signómi	Entschuldigung
kaliméra	Guten Tag!
kaliníchta	Gute Nacht
adhío	Auf Wiedersehen!
símera	heute
ávrio	morgen
chtes	gestern
póte?	wann?
pu?	wo?
póso?	wieviel?
ti?	was?
makriá	weit
kontá	nah
psilá	hoch
hamilá	niedrig
káto	unten
páno	oben
krio	kalt
sestó	warm
fotinó	hell
skótino	dunkel
ftinó	billig
akriwó	teuer